スポーツ選手もココから学ぶ

ダイエットフィットネスの基礎知識

杉浦克己

福村出版

はじめに

「運動するのは面倒くさい」「太りたくないからご飯は食べない」「朝は食べる習慣がないし、昼はハンバーガーとポテト、夜はバイトで11時過ぎにまかないの牛丼」。あなたはそんなふうに毎日を過ごしていませんか。

「健康で長生きしたい」とは大多数の人が望んでいることです。でも、現代人の多くは、やっていることが正反対。運動はしないし、食事はいい加減。でも仕方がありません。学校では、そんなことは教えてくれないからです。

立教大学では、2006年から『ダイエットフィットネス』という授業を開講しています。大学生になると、将来の自分のミッションを見つけるためしっかり勉強しなければなりません。しかし、一人暮らしが始まって食事や身の回りのことを自分でしなければならなかったり、授業、サークル、飲み会、バイトと時間を取られますので、食事や睡眠がないがしろにされてしまいます。スポーツのサークルに入っていない学生は、運動する機会が極端に減ります。そのため、多くの学生が体調不良を訴えることに。このまま、社会人になって社会の荒波にもまれたらと思うと、自分のミッションを成し遂げることなど到底望めません。だからこそ、『ダイエットフィットネス』の授業で「運動と栄養」の基礎知識を身につけ、ライフスキルとして活用できるようにすることが大事なのです。受講した学生が、周りの人々にもいい影響を与えてくれれば、「健康で美しい日本」を実現することも可能でしょう。

本書は、『ダイエットフィットネス』の授業を通算18コマ、400名以上受けもった結果をまとめ、テキストにしたものです。大学生だけでなく、広く若い世代にも活用でき、社会人になってからの肥満解消や正しいダイエット、メタボリックシンドローム予防、アンチエイジングにもつながる内容です。実際に、東日本大震災の被災地での復興支援にもこの内容を使っています。「生活をスポーツにする」「食事のルールを知る」ことで生活習慣が改善されれば、いつの間にか健康になっているはずです。

スポーツ選手もココから学ぶ
ダイエットフィットネスの基礎知識

目次

第四章 ウォーキング&ストレッチで身体を整えよう！

イラスト　後藤知江
ブックデザイン　なかむら：しずこ

第一章

もずく？　飲み会？
これが今の大学生の食生活？

私は2006年4月、立教大学で「ダイエットフィットネス」という授業を受けもつことになりました。これまでにも大学生にセミナーを行うことはあったのですが、一定期間、学生と向き合うのは初めての経験です。

今の大学生がどのような食生活、そして日常生活を送っているのかを調べるため、学生達には「宿題」として1週間の食事日記をつけてもらい、提出してもらいました。

次のページが食事の内容の一例です。

みなさんはこの食事をみてどう思われるでしょうか？

Aさん

朝食●もずく、ヨーグルト、
サラダ、ご飯、納豆、
煮物、わかさぎ、甘夏
昼食●ダイエットシェイク
間食●茎わかめ
夕食●ダイエットシェイク

Bさん

朝食●ご飯1/3杯、煮物
昼食（間食）●シャーベット
夕食●ご飯1/2杯、クリーム
コロッケ、ヨーグルト

Cさん

朝食●菓子パン、コーヒー
昼食●ブルーベリークリーム
サンドクラッカー
夕食●とんこつラーメン

Dさん

朝食●なし
昼食●ハンバーガー、ポテト、コーラ
夕食●牛丼、お茶
（次の日）
朝食●なし
昼食●ハンバーガー、ポテト、コーラ
夕食●牛丼、お茶

Eさん

朝食●なし
昼食●オムライス弁当
夕食●飲み会（ビール、サワー、
おつまみ）
夜食●カップラーメン
（次の日）
朝食●なし
昼食●カルビクッパ
夕食●焼き魚定食
夜食●飲み会（ビール、おつまみ）

すべての学生がこのような食事をしているわけではありませんが、この例だけをみてしまうと「?」と思うような食事内容ですね。他にも「ご飯は太ると思っている」「朝食は抜いたり主食のみ」、その反動か「疲れやすい」「風邪をひきやすい」等の傾向もみられました。

なぜ学生達はこういう食事をしているのでしょうか? いくつか理由があります。「一人暮らしで自炊している」「サークルやバイトで忙しい」などです。しかし、多くの学生の食事の背景には「ダイエットしたい」という気持ちがあるように思えました。他にとったアンケートにも約半数がダイエット経験があり、1.5～3㎏は減量したいという回答も多くありました。なかには「10㎏以上減量したい」という強者も。「この授業を選択したのはダイエットしたかったから」という熱心な（?）学生もいました。

しかし、紹介したような食事ではダイエットは成功しません。一時的にやせるかもしれませんが、リバウンドの可能性が高く、健康的なメリハリのある身体になれないのです。

では、なぜ間違った食事をしてしまっているのでしょうか?

答えは簡単。基本的な知識をもっていないからです。家庭科や保健体育の授業ではわかりやすい栄養学はもちろん、健康的にやせる方法など教えてくれません。実生活に活かせる基礎知識は自分で勉強するしかないのです。

しかし、いざ勉強しようとしたとき、目にするのはテレビや雑誌、WEBなどからの膨大なダイエット・健康情報です。テレビで紹介された情報も実際には効果がないなど、何が正しいのか、そして何を信用したらいいのかわからない状況にあります。

しかも、間違った方法でやせたとしても、体型は理想のプロポーションとはほど遠いものになっているはず。バストやヒップに張りはなく、肌はカサカサ、気分はイライラ……。これではダイエットに成功したとはいえません。

この授業の目的は「生涯を健康にすごすための運動と栄養に関する実践的な知識を獲得してもらう」ことにあります。しかし、さまざまな情報に毒されている学生を目覚めさせ、正しい情報を伝える道のりはかなり険しいという事実に直面したのでした。

第二章

本当のダイエットの意味を知ろう！

あなたは太っていますか？　それともやせていますか？

自分では太っていると思い込んでいても、実際にはやせている女性は多いものです。

肥満かどうかの判定をするために世界で最も多く使われているものさしはBMI（Body mass index ボディマス指数）です。

BMIは体重（kg）÷身長（m）÷身長（m）で算出します。理想のBMIは22。この値の体重の人が病気になるリスクが最も低いといわれています。したがって標準体重は身長（m）×身長（m）×22で算出することができます。

まず、自分のBMIを計算してみましょう。そして左のページの「肥満とやせの判定表」で、自分の身長の標準体重を確認。実測体重との比較で、肥満度も計算することができます（P.13下の式参照）。

BMI＝体重（kg）÷身長（m）÷身長（m）

標準体重＝身長（m）×身長（m）×22

●肥満とやせの判定表●

身長(cm) ＼ BMI	18.5	22	25	30	35	40
140	36.3	43.1	49.0	58.8	68.6	78.4
141	36.8	43.7	49.7	59.6	69.6	79.5
142	37.3	44.4	50.4	60.5	70.6	80.7
143	37.8	45.0	51.1	61.3	71.6	81.8
144	38.4	45.6	51.8	62.2	72.6	82.9
145	38.9	46.3	52.6	63.1	73.6	84.1
146	39.4	46.9	53.3	63.9	74.6	85.3
147	40.0	47.5	54.0	64.8	75.6	86.4
148	40.5	48.2	54.8	65.7	76.7	87.6
149	41.1	48.8	55.5	66.6	77.7	88.8
150	41.6	49.5	56.3	67.5	78.8	90.0
151	42.2	50.2	57.0	68.4	79.8	91.2
152	42.7	50.8	57.8	69.3	80.9	92.4
153	43.3	51.5	58.5	70.2	81.9	93.6
154	43.9	52.2	59.3	71.1	83.0	94.9
155	44.4	52.9	60.1	72.1	84.1	96.1
156	45.0	53.5	60.8	73.0	85.2	97.3
157	45.6	54.2	61.6	73.9	86.3	98.6
158	46.2	54.9	62.4	74.9	87.4	99.9
159	46.8	55.6	63.2	75.8	88.5	101.1
160	47.4	56.3	64.0	76.8	89.6	102.4
161	48.0	57.0	64.8	77.8	90.7	103.7
162	48.6	57.7	65.6	78.7	91.9	105.0
163	49.2	58.5	66.4	79.7	93.0	106.3
164	49.8	59.2	67.2	80.7	94.1	107.6
165	50.4	59.9	68.1	81.7	95.3	108.9
166	51.0	60.6	68.9	82.7	96.4	110.2
167	51.6	61.4	69.7	83.7	97.6	111.6
	低体重	標準体重	肥満1度	肥満2度	肥満3度	肥満4度

身長(cm) ＼ BMI	18.5	22	25	30	35	40
168	52.2	62.1	70.6	84.7	98.8	112.9
169	52.8	62.8	71.4	85.7	100.0	114.2
170	53.5	63.6	72.3	86.7	101.2	115.6
171	54.1	64.3	73.1	87.7	102.3	117.0
172	54.7	65.1	74.0	88.8	103.5	118.3
173	55.4	65.8	74.8	89.8	104.8	119.7
174	56.0	66.6	75.7	90.8	106.0	121.1
175	56.7	67.4	76.6	91.9	107.2	122.5
176	57.3	68.1	77.4	92.9	108.4	123.9
177	58.0	68.9	78.3	94.0	109.7	125.3
178	58.6	69.7	79.2	95.1	110.9	126.7
179	59.3	70.5	80.1	96.1	112.1	128.2
180	59.9	71.3	81.0	97.2	113.4	129.6
181	60.6	72.1	81.9	98.3	114.7	131.0
182	61.3	72.9	82.8	99.4	115.9	132.5
183	62.0	73.7	83.7	100.5	117.2	134.0
184	62.6	74.5	84.6	101.6	118.5	135.4
185	63.3	75.3	85.6	102.7	119.8	136.9
186	64.0	76.1	86.5	103.8	121.1	138.4
187	64.7	76.9	87.4	104.9	122.4	139.9
188	65.4	77.8	88.4	106.0	123.7	141.1
189	66.1	78.6	89.3	107.2	12.05	142.9
190	66.8	79.4	90.3	108.3	126.4	144.4
191	67.5	80.3	91.2	109.4	127.7	145.9
192	68.2	81.1	92.2	110.6	129.0	147.5
193	68.9	81.9	93.1	111.7	130.4	149.0
194	69.6	82.8	94.1	112.9	131.7	150.5
195	70.3	83.7	95.1	114.1	133.1	152.1
	低体重	標準体重	肥満1度	肥満2度	肥満3度	肥満4度

身長m×身長m×22（日本肥満学会方式）より求めた標準体重kgとBMI別にみた体重kg

肥満度＝（実測体重−標準体重）÷標準体重×100

※0%で標準。%が大きいほど肥満度は高く、マイナスなほどやせていることを示す。

例）身長160cm ·体重50kgの場合

BMI　50÷1.6÷1.6＝19.5

標準体重　1.6×1.6×22＝56.3kg

肥満度　（50−56.3）÷56.3×100＝−11.4%

さて、みなさんは自分のＢＭＩが計算できましたか？　そこでギモンがわきませんでしたか？

そう、ＢＭＩを22に設定した場合、女性（とくに若い女性）は自分の理想の体重よりかなりオーバーしているはずです。「155㎝で52.9㎏はありえない！」かもしれません。たしかにＢＭＩ22は現代のモデル体型からはほど遠い、ふっくらしたプロポーションになります。

ちなみに画家ボティチェリが描いた「ヴィーナスの誕生」のなかのヴィーナスのモデルといわれるフィレンツェ1の美人シモネッタさんは身長158㎝、体重52㎏、ＢＭＩは20.8。ＢＭＩとしても問題なく、美の象徴として描かれていますが、現代の若い女性からみれば「少し太り気味。もっとやせた体型がいい」と思うことでしょう。

では、現代人が理想的と思えるＢＭＩはどのくらいでしょうか？男女とも抜群のスタイルの持ち主のスター・カップル、アンジェリーナ・ジョリーとブラッド・ピットのＢＭＩをみてみましょう。アンジェリーナ・ジョリー（1.7ｍ、54㎏）は18.7。ブラッド・ピット（18.3ｍ、72㎏）は21.5。

こう考えると現代の若い女性では大体19～20、男性は22前後が理想とする体型のようです。ちなみにＢＭＩ18.5未満は低体重（やせ）、25以上からが肥満とみなされます。

ＢＭＩ＝22の体重は…

女性なら

ぽっちゃりタイプ

しかし、
理想はＢＭＩ19〜20

スレンダー体型

ＢＭＩ22は本来、この体重の人が病気になるリスクが最も低いといわれている数字。「理想のプロポーション」の値ではありません

健康をとるか、美をとるか？　やせすぎモデルは失格！

「BMIが22の場合が標準体重であることがわかったけれども、私はやっぱりスレンダーボディがいい」という人もいるでしょう。そこでBMIについていくつかのお話をしましょう。

２００６年９月、スペインで開催されたファッションショーで、やせすぎ（このときはBMIが18以上が出演基準）のモデルが出演できなくなる、ということが起こりました。

これは主催者側が「やせすぎモデルが若い女性に誤ったメッセージを与える可能性がある。やせすぎは拒食症につながり、時として死に至る」と主張したため。

これまでの「美＝やせている」のイメージを払拭し、やせすぎモデルの出演を規制していく主張に注目が集まりました。これには賛否両論あり、「拒食症ではない、もともとやせているモデルの締め出しではないか」という意見もありました。２００７年にはミラノコレクション、アメリカやオーストラリアでも、ファッション界と政府との間でこの問題について議論しています。

日本でも20歳代の女性の約5人に1人は「低体重（BMI18.5未満）」といわれるように、たとえBMIが標準値であっても「やせ願望」が強いことが社会問題となっています。しかし、やせていても健康であれば問題はないのです。

同様にBMIが25以上の肥満であっても、健康に問題がなければ「病気」ではありません。病気でもなく、内臓脂肪の量も少なければ肥満は「キャラクター」になります。その人の個性として捉えることができるのです。

しかし、肥満が多くの病気の誘因となるのも確かです。キャラクターとして太っている人でも、血圧や血中コレステロール、血糖値に異常がないか、常に注意する必要があるのです。

体組成から理想の体型を探ってみよう

これまで、ＢＭＩ（＝身長と体重の関係）から理想の体型を探ってみました。しかし、いくら低体重でも筋肉の量が少なく、逆に体脂肪が多ければ「かくれ肥満」といえます。

しかも、筋肉がついていなければカッコいいメリハリボディにはなれません。ほどよく筋肉のついた「細マッチョ」こそ現代人が求める理想のプロポーションといえるでしょう。

そこで自分にどのくらい筋肉や体脂肪がついているのか、体脂肪を計測してみましょう。

体脂肪率の測定法はいくつかあります。左記に代表的なものを挙げました。一番普及しているインピーダンス法については次のページで詳しく紹介します。

体脂肪の測定法

●密度法●densitometory

◎水中体重秤量法◎

同じ体積であれば脂肪より筋肉の方が重いことを利用して水に入れたタンクのなかに人間を沈め、そのときの体重から算出する。一番正確だといわれているが、特別な機器、大量の水、そして熟練した測定者を必要とするため、研究向きである。

◎空気置換法（bod pod）◎

容積が一定に保たれた容器に入り、内部の圧力変化に対して人間の体積を測定する方法。

●DEXA法●dual energy X-ray absorptiometry

X線を2方向から断層状に当て、全身の脂肪量を計測する方法。

●体水分法●

重水を摂取して2時間ほどすると体内に分散するので、そのあとの尿の重水濃度を測定して体水分を測定し、筋肉などの除脂肪体重を算出する方法。

●カリウム法●

体内のカリウムは体脂肪を除いた部分にしか存在しないので、体内カリウム濃度をそのなかに含まれる放射性カリウムの量から算出して、除脂肪体重を求める方法。

●皮脂厚計（キャリパー）法●

皮下脂肪の厚さをキャリパーで測定し、換算式を使用して体脂肪を算出する。測定部位は上腕背部と肩甲骨下部の2カ所が一般的。

●超音波法●

超音波によって皮下脂肪の厚さや筋肉の厚さを計測する方法。

肥満・肥満症の指導マニュアル〈第2版〉 医歯薬出版（2001）より改変

手軽に体脂肪を計測できるインピーダンス法

現在、体脂肪を測定する方法として一番普及しているのがインピーダンス（Impedance）法です。この方式の体脂肪計は体重計と一体になっているタイプ、手で握るタイプなどたくさんあり、家電量販店などで安価で購入できるため、利用している人も多いと思います。

インピーダンス（電気抵抗）法は身体を1つの抵抗体として捉え、脂肪や筋肉のつき方によって抵抗性が変わることから、身体に微弱な電流を流し、その抵抗性によってあらかじめデータベースに組み込まれた計算式により体脂肪率を計算します。

簡便でかなり正確に計測できるようになりましたが、デメリットもあります。体内の水分量に数値が左右されるため、皮膚についた汗、食事や飲水の直後、運動直後では、正確な数値が出にくくなってしまいます。食後は消化器官に血液が集まりますし、運動後は筋肉に水分が多くなったりするからです。

また、標準体型の人でデータをとって計算式を構築しているので、子どもなど身体の小さい人や、アスリートのように筋肉量が多い人では、あまり正確に測定できないかもしれません。こういう場合は各メーカーに問い合わせてください。

さて、安定した測定のためには、毎日同じ時間帯、できれば体内水分量が安定している夕方などに測定するとよいでしょう。

詳しくは、各メーカーごとに安定的に測定できる条件が説明書やWEBに紹介されているので参考にしてください。

継続して測っているうちに自分のだいたいの数値がわかってくると思います。

運動して
汗をかいたり、
食事をして水分を
摂ると体脂肪率は
正確には測れない

↓

毎日同じ時間帯
（夕方）に測ろう

あなたの肥満度を知ろう

「BMI」「体脂肪率」2つの体格を評価する指標について理解してもらえたでしょうか? それではそれらを組み合わせてあなた自身の肥満度を計算してみましょう。左記の表に値を入れてみてください。

あなたのBMI＝

あなたのBMIからみた
標準体重＝　kg

あなたの肥満度＝　%

P.13の計算式参照

さらに体脂肪率を下の評価表に当てはめると、体脂肪の量が適正範囲なのか、どのくらいの肥満度なのかがわかります。

●体脂肪率の評価●

判定	適正範囲	軽度肥満	中等度肥満	重度肥満
男性	14-20%	20%以上	25%以上	30%以上
女性(6-14歳)	17-25%	25%以上	30%以上	35%以上
(15歳以上)	20-27%	30%以上	35%以上	40%以上

出典:日本肥満学会編集委員会編『肥満・肥満症の指導マニュアル<第2版>』医歯薬出版,2001,改変

例）身長160cm　体重47kg　22歳　女性の場合

BMI　47÷1.6÷1.6＝18.4
標準体重　1.6×1.6×22＝56.3kg
肥満度　（47−56.3）÷56.3×100＝−16.5%
体脂肪率　30%

◎解説◎
この女性の場合、BMIは18.4、肥満度も－16.5％であり、やせすぎです。
しかし、体脂肪率の30％は軽度肥満に入っています。筋肉量が少ない「かくれ肥満」といえます。
若い女性に増えているケースです。

肥満度が標準でもやせたい！　それには正しい知識

さて、あなたは自分の肥満度がわかりましたか？　ほとんどの人は肥満度に問題がないと思います。しかし、標準値であっても女性の半数は「自分は太っている」と自己評価しているといわれています。そして、本来なら必要のないダイエットを行っているのです。

もちろん、やせようとすることは（その方法が健康的であれば）悪いことではありません。「外見が美しくみえる」「カッコよく服が着たい」「自分を磨く」ためにダイエットをしてもいいのです。

しかし、何度もダイエットを行い、リバウンドを繰り返していると前ページの例のように一見やせているようにみえて体脂肪率の高い「かくれ肥満」になってしまう可能性があります。しかもやせているだけで筋肉に張りがなくなってきます。

この繰り返しは「ウエイトサイクリング」とよばれています。また、玩具にたとえて「ヨーヨーダイエット」ともいわれています。このサイクルに入ってしまうと食事を減らしてもやせなくなってきます。なぜなら、ダイエットで筋肉が減り、リバウンドで体脂肪だけが増えていくと基礎代謝量が落ち、どんどんやせにくい体質になっていくからです。

ダイエットは女性のするもの、太った人のするものと思われがちですが、競技力を向上させるためにプロのスポーツ選手も減量というダイエットを行っています。そして誰もが願う「健康でハツラツと生きたい」「パフォーマンスを高めたい」という目標を達成させるためにも、正しく考え、取り組む必要があるのです。

また、悪者扱いされている体脂肪ですが、実は身体機能を維持するうえで重要な要素でもあります。女性は必須体脂肪率が13％、男性は3％。この値を下回らないことが最低限必要になります。

もし、あなたが健康的にやせることを望むのなら、正しいダイエットフィットネスの基礎知識を身につけてください。基本をしっかりと理解していれば、膨大なダイエット情報に惑わされることはありません。

次の章からダイエットの具体的な方法について説明していきましょう。

第三章

やせる方式 ダイエットの基礎知識を学ぼう

体重を減らすには、食べたもののエネルギー量より、身体を動かして消費したエネルギー量が多いことが基本であり、そうすれば、体重は徐々に減っていきます。

左上図のシーソーをみてください。食事と運動のエネルギー量が同じで左右が釣りあっていれば、体重は変化しません。しかし、左下のシーソーのように、食事の量を減らすもしくは運動してエネルギー消費量を増やす、あるいはその両方を同時に行えば、体重は減っていきます。

さて、脂肪は1g当たり9kcalの熱量をもっています。身体についている体脂肪は水分や不純物を含んでいるため、エネルギー量は純粋な脂肪の80％と換算し、1g当たり7kcalと考えられています。つまり、体脂肪1kgを落とすには、エネルギー量として7000kcal消費すればいいことになります。

たとえば1日3食で2400kcal摂取していたとします。2400kcal×3日＝7200で、単純に計算すれば3日絶食すれば約1kg体脂肪を減らすことができます。さらに1カ月（30日）絶食すれば体脂肪を約10kg落とせることになります。もちろん、これは数字上だけのことで、こんなダイエットは絶対やってはいけません！

栄養と運動のダイエットシーソー

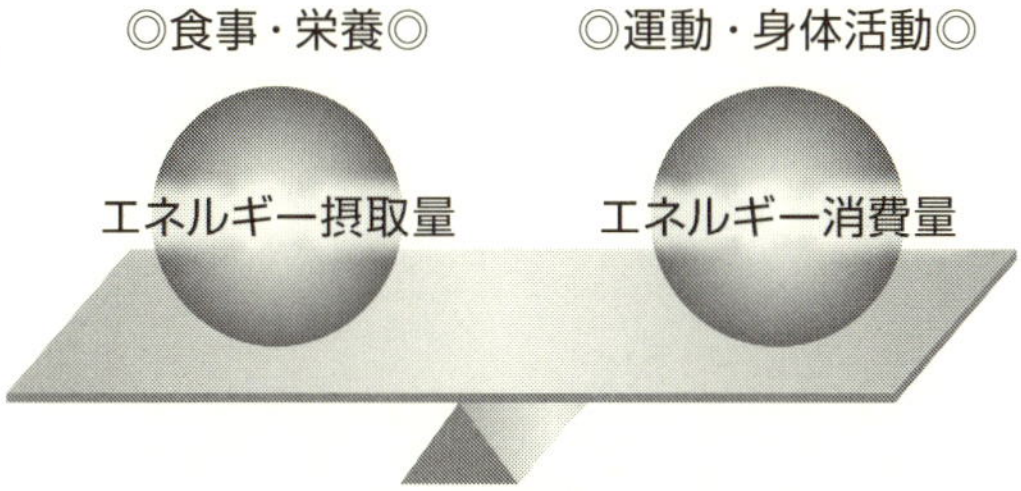

右と左が釣り合うなら体重は
変化なし

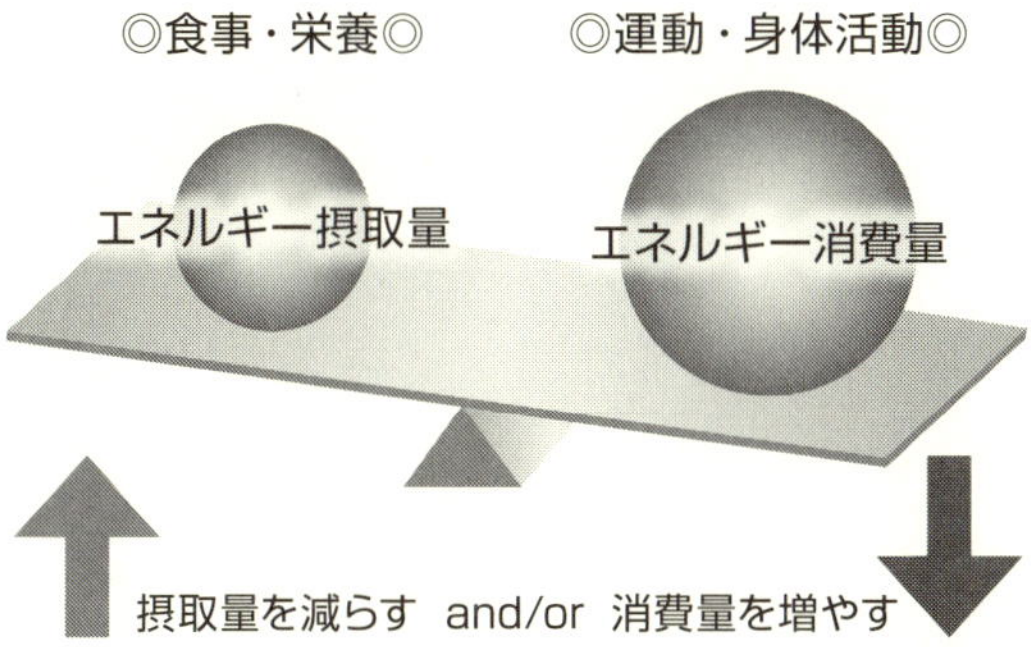

エネルギー消費量が摂取量よりも
増えれば体重は減っていく

やってはいけない危険なダイエット「絶食」

てっとり早くやせる方法、それは絶食です。前のページにも書いたように3日絶食すれば1㎏の体重が体脂肪で減る計算になります。しかし、絶食はとても危険なダイエットです。

いい例が大人気を博したスポ根アニメ「あしたのジョー」の力石徹でしょう。彼は主人公の矢吹丈と戦うことになり、階級を落とすため、いきすぎたウエイトコントロールを行いました。1日リンゴ1個の食事で水も飲まずに毛布に包まって、ストーブを焚いた部屋に、1人引きこもる……。体脂肪も落ちましたが、筋肉も落ち、体内の水分も減らしたわけです。結局彼はリングにあがることはできましたが、その後燃え尽きてしまいます。

力石の例まではいかなくても、食事の量を極端にセーブしたことがある人は多いと思います。

学生のなかでも1日1200kcal以下に摂取量を抑えたり、夕食を抜いたり、昼と夜は納豆と味噌汁で、4～5㎞のジョギングと筋力トレーニングを行い、1カ月半で8㎏やせた学生もいました。しかし、時折立ちくらみを感じたといっています。

食べないことは簡単ですが、長続きしません。しかもストレスがたまり、身体に重大なダメージを与える可能性があります。

「そんなことはもうわかっている」と思うでしょうが、絶食によってやせようとする人は今も跡を絶ちません。

残念なことに、トップアスリートであっても、食べないことで体重を落としていた時期が最近までありました。現在はスポーツ栄養学が普及し、運動と正しい食事指導で体力を維持しつつ、体重を落とす方法が広がっています。

現実の世界では力石徹のような悲劇はなくなってほしいものです。

ほどよいペースは1カ月でマイナス2kg

それでは、どのくらいのペースで体重を落としていけば無理がないのでしょうか。

もとの体重にもよりますが、理想としては「1カ月に2kgまで」がよいと思います。身体への負担も少なく、現実的な数字です。それでは1日にどれくらいエネルギー量を減らしていけばよいか計算してみましょう。

1カ月で－2kg 体脂肪を落とすには？

体脂肪1g≒7kcal
2kg≒約14,000kcal
14,000kcal÷30日＝466kcal

↓

1日に500kcalを目安にエネルギー量を減らそう！

食事だけで500kcal減らすと

まず、1日に500kcalを摂取量（食事）から減らすことを考えてみましょう。500kcalはにぎり寿司1人前、タンメン1杯、ハンバーガー2個分に相当します。3食のうち1食を抜くほどの量です。これを我慢するのは非常につらいことです。しかも身体をつくるタンパク質が不足してしまうので、体脂肪だけでなく筋肉も落ちてしまいます。

運動だけで500kcal減らすと

それでは消費量（運動）で減らすことを考えてみましょう。500kcalを消費する運動とは筋力トレーニングで60分、ジョギングで60分、ウォーキングでは120分（！）続けることが必要です。運動習慣のない人がいきなり毎日60分間も走り続けることはできません。また忙しい人なら2時間歩く時間もないでしょう。

つまり、食事か運動かどちらか一方だけで500kcal減らすことは、かなり無理があります。

●日常生活の身体活動レベル●

低い
生活の大部分が座位で、静的な活動が中心

ふつう
座位中心の仕事だが、職場内での移動や立位での作業・接客等、あるいは通勤・買物・家事、軽いスポーツ等のいずれかを含む

高い
移動や立位の多い仕事への従事者。あるいは、スポーツなど余暇における活発な運動習慣をもっている場合

出典：日本人の食事摂取基準【2010年度版】厚生労働省

食事と運動の合わせ技で気楽にいこう

食事と運動。どちらか一方だけではダイエットを成功させるのは困難です。それでは両方を組み合わせた「合わせ技」で、無理なく500kcal減らしていきましょう。

減らす前に自分に必要なエネルギー量を確認しておきましょう。スポーツを定期的に楽しんでいる人は、していない人より多くのエネルギー量が必要です。やみくもに食事を減らしてしまうと体調を崩すことがあります。

まず、上の3段階からあなたの活動レベルはどのくらいか考えてください。

●年齢階級別にみた身体活動レベル群分け（男女共通）●

年齢（歳）＼身体活動レベル	レベルI（低い）	レベルII（ふつう）	レベルIII（高い）
18～29	1.50	1.75	2.00
30～49	1.50	1.75	2.00
50～69	1.50	1.75	2.00
70以上	1.45	1.70	1.95

出典：日本人の食事摂取基準【2010年版】厚生労働省

●エネルギー必要量の内訳●

次に1日に必要なエネルギー量の内訳をみてみましょう。上の図をみてください。

図の左にあるように、心臓や胃などの臓器を動かしたり、呼吸や体温の維持といった、生命活動のために最低限必要な「基礎代謝量」が必要になります。

平均的な基礎代謝量は、厚生労働省によって発表されている基礎代謝基準値（kcal×体重kg×日）に、基準体重をかけたものとして算出されています（次頁表参照）。

他に日常生活に使うエネルギーと、スポーツやトレーニングをしている人はその分のエネルギーが必要になります。

こうした1日全体の総エネルギー量は【基礎代謝量（kcal／日）×身体活動レベル】で計算できます。

基礎代謝量に活動レベルの値をかければよいのです。活動レベルは右頁下の表のように代表値が決まっています。活動レベルに応じて算出したエネルギー量から、食事で何kcal減らすかを考えればよいのです。

●基礎代謝量●

年齢（歳）	男性			女性		
	基礎代謝基準値（kcal/kg体重/日）	基礎体重（kg）	基礎代謝量（kcal/日）	基礎代謝基準値（kcal/kg体重/日）	基礎体重（kg）	基礎代謝量（kcal/日）
18～29	24.0	63.0	1,510	22.1	50.6	1,120
30～49	22.3	68.5	1,530	21.7	53.0	1,150
50～69	21.5	65.0	1,400	20.7	53.6	1,110
70以上	21.5	59.7	1,280	20.7	49.0	1,010

出典：日本人の食事摂取基準【2010年版】厚生労働省

25歳 女性 体重50kg
活動レベル「ふつう」の人の場合

1）自分の体重50kgに
基礎代謝基準値の22.1をかけ、基礎代謝量を出す

50kg×22.1＝1,105kcal

基礎代謝量　1,105kcal

2）基礎代謝量に
活動レベル「ふつう」の値1.75をかける

1,105×1.75＝1,934

エネルギー必要量は1,934kcal

普段の食事がこの値よりもオーバーしていないか気をつけましょう。また基礎代謝量を大きく下回るような食事制限（1日1,100kcal以下）は危険です。絶対にやめましょう。

運動で体脂肪を燃やしながら、基礎代謝をアップ！

次に運動で体脂肪を減らす方法について考えましょう。身体活動において、どのくらいエネルギーを消費するかを計算するには、メッツ（P.37の表参照）を用いると良いでしょう。メッツは安静時の酸素摂取量を1メッツとして、各活動がその何倍であるかであらわします。

特別にハードな運動をする必要はありません。体重50kgの人が速歩（4メッツ）で通勤・通学を1時間行うことで、約200kcalを消費することができます。運動強度の表を参考に、おおよその自分のエネルギー消費量を覚えていくと便利でしょう。

もし、集中的に運動ができなくても、通勤・通学時にひと駅歩いたりテレビをみながら身体を動かしたり、エレベーターやエスカレーターを利用せずに階段を利用したりすれば200kcalはそれほど気負わなくても消費することができます。要は「生活をスポーツに」変える感覚が大事です。また、筋力トレーニングも同時にできれば、筋肉量を増やし、基礎代謝量をアップさせることもできます。
食事も運動も、あくまで無理のない範囲で「気楽に」がポイントです。そうすればダイエットが途中でイヤになったり、諦めてしまうことがなくなるでしょう。

●安静時の酸素摂取量＝
3.5mL/kg/分＝1メッツ

●1Lの酸素摂取≒5kcal

●エネルギー消費量≒
3.5（mL/kg/分）×体重（kg）
×5（kcal/L）÷1000×メッツ
×活動・運動時間

体重50kgの
女性が
正味45分間の
エアロビクスを
行った場合

3.5×50×5÷1000×6.5×45≒250
（左表よりエアロビクスは6.5メッツのため）

250kcal消費できる

●身体活動の分類例●

身体活動の分類（メッツ値1の範囲）	身体活動の例
睡眠（0.9）	睡眠
座位または立位の静的な活動（1.0〜1.9）	テレビ・読書・電話・会話など（座位または立位）、食事、運転、デスクワーク、縫物、入浴（座位）、動物の世話（座位、軽度）
ゆっくりした歩行や家事など低強度の活動（2.0〜2.9）	ゆっくりした歩行、身支度、炊事、洗濯、料理や食材の準備、片づけ（歩行）、植物への水やり、軽い掃除、コピー、ストレッチング、ヨガ、キャッチボール、ギター、ピアノなどの楽器演奏
長時間持続可能な運動・労働など中強度の活動（普通歩行を含む）（3.0〜5.9）	普通の歩行〜速歩、床掃除、荷造り、自転車（普通の速さ）、大工仕事、車の荷物の積み下ろし、苗木の植栽、階段を下りる、子どもと遊ぶ、動物の世話（歩く／走る、ややきつい）、ギター：ロック（立位）、体操、バレーボール、ボウリング、バドミントン
頻繁に休みが必要な運動・労働など高強度の活動（6.0以上）	家財道具の移動・運搬、雪かき、階段を上る、山登り、エアロビクス、ランニング、テニス、サッカー、水泳、縄跳び、スキー、スケート、柔道、空手

1）メッツ値（metabolic equivalent、MET：単数形、METs：複数形）は、Ainsworth,et al.による[91]。いずれの身体活動でも活動実施中における平均値に基づき、休憩・中断中は除く。

出典：日本人の食事摂取基準（2010年版）

●3メッツ以上の運動●

メッツ	活動内容
3.0	自転車エルゴメーター：50ワット、とても軽い活動、ウエイトトレーニング（軽・中等度）、ボウリング、フリスビー、バレーボール
3.5	体操（家で。軽・中等度）、ゴルフ（カートを使って。待ち時間を除く）
3.8	やや速歩（平地、やや速めに＝94m／分）
4.0	速歩（平地、95〜100m／分程度）、水中運動、水中で柔軟体操、卓球、太極拳、アクアビクス、水中体操
4.5	バドミントン、ゴルフ（クラブを自分で運ぶ。待ち時間を除く）
4.8	バレエ、モダン、ツイスト、ジャズ、タップ
5.0	ソフトボールまたは野球、子どもの遊び（石蹴り、ドッジボール、遊戯具、ビー玉遊びなど）、かなり速歩（平地、速く＝107m／分）
5.5	自転車エルゴメーター：100ワット、軽い運動
6.0	ウエイトトレーニング（高強度、パワーリフティング、ボディビル）、美容体操、ジャズダンス、ジョギングと歩行の組み合わせ（ジョギングは10分以下）、バスケットボール、スイミング：ゆっくりとしたストローク
6.5	エアロビクス
7.0	ジョギング、サッカー、テニス、水泳：背泳、スケート、スキー
7.5	山を登る：約1〜2kgの荷物を背負って
8.0	サイクリング（約20km／時）、ランニング：134m／分、水泳：クロール、ゆっくり（約45m／分）、軽度〜中強度
10.0	ランニング：161m／分、柔道、柔術、空手、キックボクシング、テコンドー、ラグビー、水泳：平泳ぎ
11.0	水泳：バタフライ、水泳：クロール、速い（約70m／分）、活発な活動
15.0	ランニング：階段を上がる

出典：エクササイズガイド2006　厚生労働省より

意外な真実がわかる？ 食事日記をつけてみよう

ここまで、1日500kcal減らせば、理論的には1カ月に2kgやせることを説明してきました。しかし、ダイエットをスタートさせる前に確認したいことがあります。

それは食事内容のチェックです。摂取エネルギーを減らすといっても、バランスの良い食事をしながら続けることが大前提です。

食事内容を振り返るよいキッカケとなるのが「食事日記」です。「間食が多かった」「全然動いていないのに食べてばかりだった」など、意外と気づかないポイントが浮かび上がってきます。

左に行動記録と合体した例をあげました。下記URL（http://www.fukumura.co.jp）から1週間の記録表をがダウンロードできますのでプリントアウトして1週間つけてみてください。

●行動記録表 兼 食事日記●

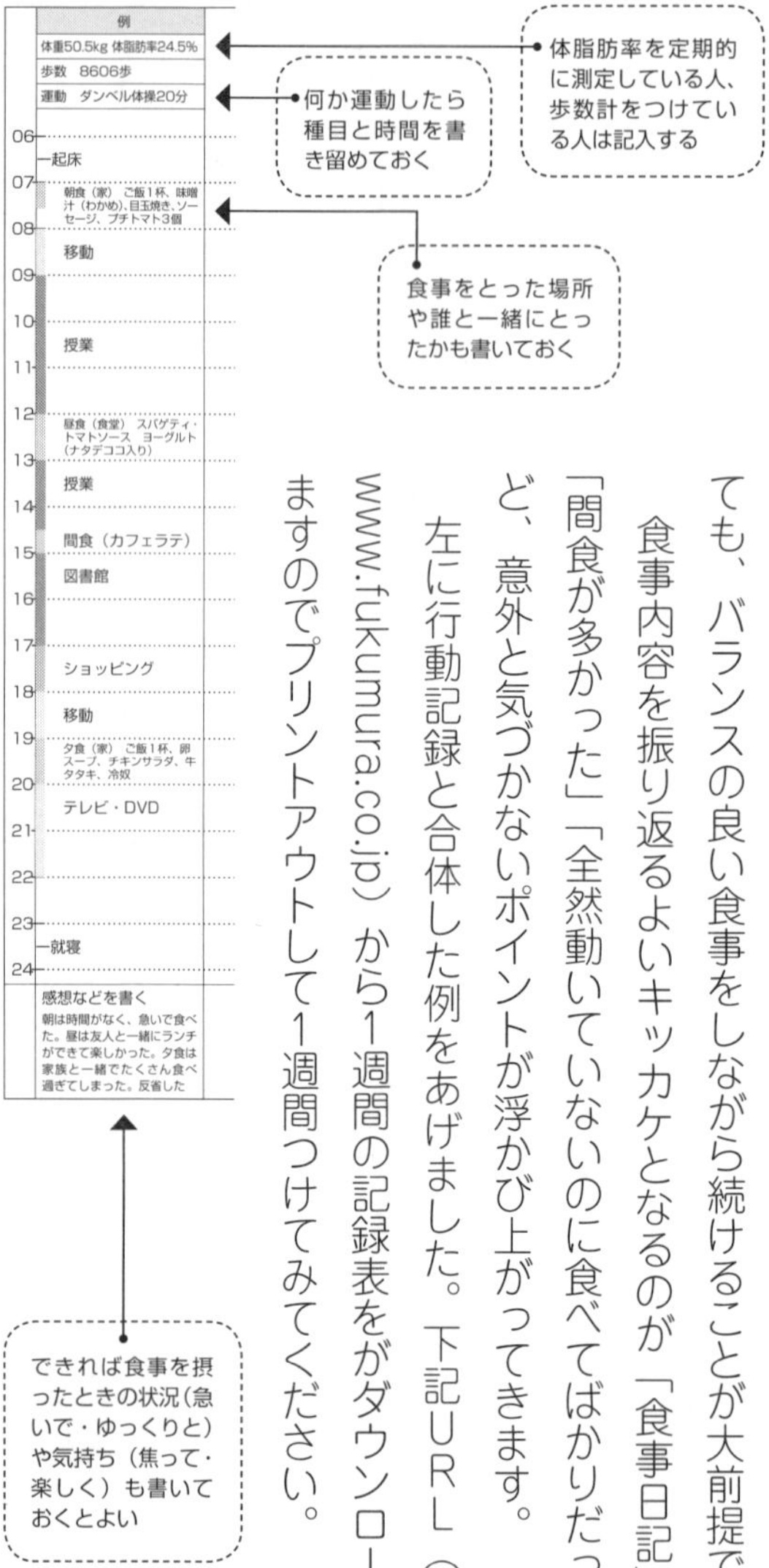

例
体重50.5kg 体脂肪率24.5%
歩数 8606歩
運動 ダンベル体操20分
06
起床
07
朝食（家） ご飯1杯、味噌汁（わかめ）、目玉焼き、ソーセージ、プチトマト3個
08
移動
09
10
授業
11
12
昼食（食堂） スパゲティ・トマトソース ヨーグルト（ナタデココ入り）
13
授業
14
間食（カフェラテ）
15
図書館
16
17
ショッピング
18
移動
19
夕食（家） ご飯1杯、卵スープ、チキンサラダ、牛タタキ、冷奴
20
テレビ・DVD
21
22
23
就寝
24
感想などを書く
朝は時間がなく、急いで食べた。昼は友人と一緒にランチができて楽しかった。夕食は家族と一緒でたくさん食べ過ぎてしまった。反省した
体脂肪率を定期的に測定している人、歩数計をつけている人は記入する
何か運動したら種目と時間を書き留めておく
食事をとった場所や誰と一緒にとったかも書いておく
できれば食事を摂ったときの状況（急いで・ゆっくりと）や気持ち（焦って・楽しく）も書いておくとよい

●行動記録表 兼 食事日記●

	例	/ ( )	/ ( )	/ ( )
	体重50.5kg 体脂肪率24.5%	体重 kg 体脂肪率 %	体重 kg 体脂肪率 %	体重 kg 体脂肪率 %
	歩数 8606歩	歩数 歩	歩数 歩	歩数 歩
	運動 ダンベル体操20分	運動	運動	運動
06				
	起床			
07	朝食（家） ご飯1杯、味噌汁（わかめ）、目玉焼き、ソーセージ、プチトマト3個			
08	移動			
09				
10	授業			
11				
12	昼食（食堂） スパゲティ・トマトソース ヨーグルト（ナタデココ入り）			
13	授業			
14	間食（カフェラテ）			
15	図書館			
16				
17	ショッピング			
18	移動			
19	夕食（家） ご飯1杯、卵スープ、チキンサラダ、牛タタキ、冷奴			
20	テレビ・DVD			
21				
22				
23	就寝			
24				
	感想などを書く 朝は時間がなく、急いで食べた。昼は友人と一緒にランチができて楽しかった。夕食は家族と一緒でたくさん食べ過ぎてしまった。反省した			

あなたの食事をチェックしよう！「食事バランスガイド」

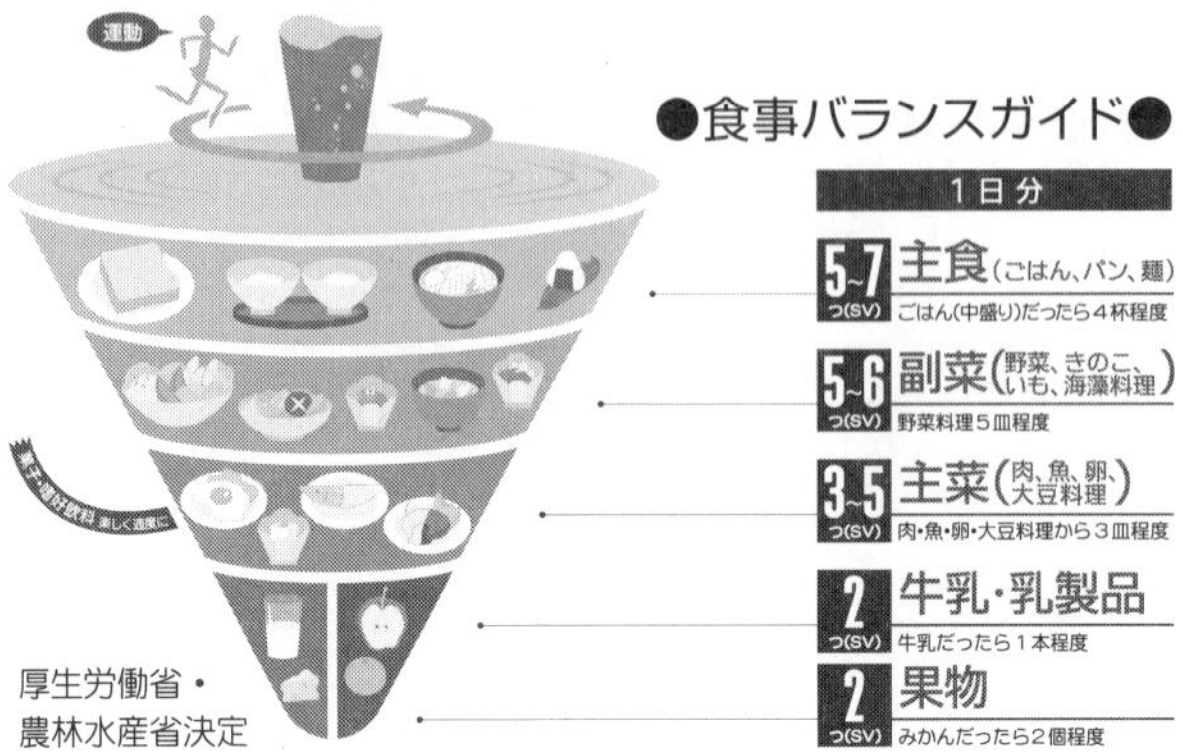

食事日記をつけてみたら、食事内容についてチェックしていきましょう。手軽にできる方法として「食事バランスガイド」があります。

これは「コマ」のイラストに自分の食べた内容を塗っていき、1日に「何を」「どれだけ」食べたかをチェックするものです。

それではステップ1から始めてみましょう。

ステップ1 まずは自分の1日分の適量を調べましょう

●最適チェック！CHART●

男性	エネルギー（Kcal）	主食	副菜	主菜	牛乳乳製品	果物	女性
6~9歳 70歳以上	1,800 ±200	4~5	5~6	3~4	2	2	6~9歳 70歳以上
10~11歳 12~17歳・18~69歳（※活動量低い）	2,200 ±200 基本形	5~7	5~6	3~5	2	2	10~17歳・18~69歳（※活動量低い）（※活動量ふつう以上）
12~17歳 18~69歳（※活動量ふつう以上）	2,600 ±200	7~8	6~7	4~6	2~3	2~3	

単位：つ（SV）
SVとはサービング（食事の提供量）の略

「食事バランスガイド」は食生活指針を具体的な行動に結び付けるものとして、厚生労働省と農林水産省が共同で策定。食事の望ましい組み合わせやおおよその量をわかりやすくイラストで示したものです。
http://www.j-balanceguide.com/（食事バランスガイド）
http://www.maff.go.jp/food_guide/checkbookhp.pdf（利用方法）

ステップ❷ 自分の1日の適量を書き込みましょう

●25歳　女性　活動量ふつう以上の場合●　※P.34のエネルギー量によって主食・主菜・副菜の量は加減して下さい。

エネルギー	主食	副菜	主菜	牛乳・乳製品	果物
2200kcal	5~7つ(SV)	5~6つ(SV)	3~5つ(SV)	2つ(SV)	2つ(SV)

ステップ❸ 何を食べたか書き出してみましょう

昼ごはん

カレーライス
牛乳

朝ごはん

ご飯 1杯
味噌汁（わかめ）
目玉焼き

間食

ショートケーキ 1個
コーヒー 1杯
みかん 1個

夕ごはん

鶏のからあげ
きのこのバター炒め
野菜サラダ
サワー 1杯

ステップ❹ 1日に食べた食事の量を各料理区分ごとに「つ」に換算してみましょう

●食事例●

主食
1つ分＝ごはん小1杯、おにぎり1個、食パン1枚、ロールパン2個
1.5つ分＝ごはん中1杯
2つ分＝うどん1杯、もりそば1杯、スパゲッティー

副菜
1つ分＝野菜サラダ、きゅうりとわかめの酢の物、具たくさんの味噌汁、ほうれん草のお浸し、ひじきの煮物、煮豆、きのこソテー
2つ分＝野菜の煮物、野菜炒め、芋の煮っころがし

主菜
1つ分＝冷奴、納豆、目玉焼き
2つ分＝焼魚、魚の天ぷら、まぐろといかの刺し身
3つ分＝ハンバーグステーキ、豚のしょうが焼き、鶏肉のからあげ

牛乳・乳製品
1つ分＝牛乳コップ半分、チーズ1かけ、スライスチーズ1枚、ヨーグルト1パック
2つ分＝牛乳びん1本

果物
1つ分＝みかん1個、りんご半分、かき1個、なし半分、ぶどう半分、もも1個

その他の料理の量については http://www.maff.go.jp/food_guide/checkbookhp.pdf（利用方法）に詳しく紹介されています。

●1日分の合計●

	主食	副菜	主菜	牛乳·乳製品	果物	kcal
ご飯1杯	1					170
味噌汁（わかめ）		0.5				10
目玉焼き			1			110
カレーライス	2	2	2			870
牛乳				1		140
鶏のからあげ			3			300
きのこバター炒め		1				70
野菜サラダ		1				120
みかん					1	40
合計	3	4.5	6	1	1	1,830

ステップ5 ステップ2で確認した適量と比較してみると…

	エネルギー	主食	副菜	主菜	牛乳・乳製品	果物
適量	2,200kcal	5~7つ(SV)	5~6つ(SV)	3~5つ(SV)	2つ(SV)	2つ(SV)
摂取量	1,830kcal	3つ(SV)	4.5つ(SV)	6つ(SV)	1つ(SV)	1つ(SV)

チェック

1)主食、副菜、牛乳・乳製品、果物が足りない!

全体的に主菜（おかず）以外の食べ物が足りません。タンパク質はそれなりに摂っていますが、エネルギー源になるご飯や麺類、体調を整えるために必要な野菜、カルシウムやビタミンも不足しています。

2)主菜を食べ過ぎている

適量に対して、主菜の量がやや多めです。脂の多い料理はエネルギーも高めなので食べ過ぎに注意しましょう。

3)お菓子やお酒が多い

間食のショートケーキ、サワーは1,830kcalに含まれていません。食事バランスガイドでは菓子・嗜好飲料は１日合計200kcalまでを目安にするよう指導しています。

ちなみに間食のカロリーを1,830 kcalに足すと……

ショートケーキ1個	345kcal
サワー	110kcal
計	455kcal

1,830+455=2,285kcal

適量から85kcalオーバーしています！
（P.34のエネルギー必要量からすると350kcalもオーバーです）

食事からマイナス300kcalする方法

食事内容をチェックしてみていかがでしたか?

食事バランスガイドでは25歳・女性のエネルギー適量は2200kcalとなり、この食事では85kcalオーバーですんでいます。しかし、体重や体型は個人差がありますから、すべての人が2200kcal必要になるわけではありません。

P.34の例で計算して出した女性の必要量は1934kcal。この食事では、まだ350kcalオーバーしています。1カ月で体重を2kg落とすには、運動で200kcal、食事で300kcalマイナスする必要があります。つまり、摂取量を1634kcalにしたいわけです。ですから、現在の食事から約600kcalマイナスすればよいのです。次に改善ポイントをあげましたので、それを参考にマイナスする方法を考えていきましょう。

このように「食事バランスガイド」を利用することで、自分でも簡単に食事のチェックをすることができます。カロリーブックなどと併用していくうちに、摂取エネルギー量も計算できるようになるでしょう。

ポイント1 間食を減らしましょう

間食だけで455kcalも摂っているので、これを我慢するだけでも、あと150kcalのダウンですみます。
どうしても甘い物がやめられないのなら、エネルギー量の低い和菓子がおすすめ。おもなエネルギー量はP.154で紹介しています。

2,285－455＝1,830kcal
1,830－1,634≒200kcal

あと－200kcal

ポイント2 副菜を増やしましょう

摂りすぎている主菜（おかず）の量を減らす分、副菜を増やしましょう。野菜のおかずなら低エネルギーでしかも食物繊維が豊富。エネルギーを摂りすぎず、お腹も満足します。

鶏のからあげ300kcalをかつおのタタキサラダ100kcalにすると、マイナス200kcal

1,830－200＝1,630kcal

－600kcalに成功！

●低いエネルギー量の副菜例●

(kcal)

きゅうりとわかめの酢の物	30
春菊の胡麻和え	80
ほうれん草のお浸し	20
冷やしトマト	20
野菜スープ	60

運動の
基礎知識を
学ぼう

運動には大きく分けて2種類ある

ひと口に運動といってもいろいろあります。ここでは何が運動のためのエネルギーとして使われるかで運動を分類します。ポイントは運動中に使われる酸素の量です。

●……短時間に爆発的パワーで動く**無酸素運動**……●

100m走のように全速力で走る場合、身体はエネルギーを発生させるのに酸素を必要としません。よって「無酸素運動」とよばれます。このとき、おもに筋肉中にあるエネルギー（糖質、ATP、クレアチンリン酸）を消費しますが、これらは短時間で枯渇してしまいます。しかも代謝産物が筋肉中に蓄積するために、長い時間運動することができません。

無酸素運動は強度が高く、瞬発力・パワー持久力を養うトレーニングになります。

楽に、長時間動き続けられる**有酸素運動**

ウォーキングやエアロビクスのように、比較的楽に行える強度の低い運動はエネルギーを発生させるのに酸素を必要とします。よって「有酸素運動」とよばれます。

呼吸により体内に取り込まれた酸素は、筋肉のなかでエネルギー源を酸化し、大きなエネルギーを産み出します。このときに使われるエネルギー源は糖質と脂肪です。

脂肪は体内に十分蓄積されているので、長時間でも動き続けることができます。

有酸素運動は全身の持久力を養うトレーニングになります。

●使われるエネルギー●

無酸素運動	糖質　ATP　クレアチンリン酸
有酸素運動	糖質　脂肪

体脂肪が燃える運動はどっち？

無酸素運動と有酸素運動では、おもに使われるエネルギーが違います。無酸素運動は糖質、ATP、クレアチンリン酸。有酸素運動では糖質と脂肪。

体脂肪を減らしたい、やせるための運動には有酸素運動が有効です。

しかし、体脂肪が効率よくエネルギーとして使われるのは運動を始めてからしばらくしてから。心拍数が一定の値まであがらないと脂肪燃焼は効率的に行われません。

体脂肪の燃焼に適した心拍数は、カルボーネン法で計算することができます。まず、最高心拍数を220マイナス年齢で算出。それから左記の公式で目標となる心拍数を出すことができます。

大学の授業ではもっと大ざっぱに、最高心拍数の60～70％の範囲で設定することもあります。ただ個人差を考えると、カルボーネン法のほうが効果的でしょう。

運動初心者の
脂肪燃焼が始まる運動強度＝
（最高心拍数－安静時心拍数）×50％＋安静時心拍数

（高齢者は40％スポーツ愛好家は60％）

25歳の女性
安静時心拍数
70／分の場合

最高心拍数　220−25=195

(195−70)×0.5+70=132.5

脂肪燃焼に適した心拍数は133拍／分

注）運動強度はできれば専門家の指示を受けて下さい。初心者は低めから始めるとよいでしょう。

左の図は運動強度が高くなる（右にいく）ほど糖質がエネルギーとして使われるので、比較的楽に呼吸のできる（呼吸商の低い）運動でないと、体脂肪はしっかりと燃えないことをあらわしています。

運動中に使われるエネルギーは突然切り替わることはなく、ATP、クレアチンリン酸、糖質や脂肪のエネルギー消費は同時に進行しています。

●運動強度と使われるエネルギー源●

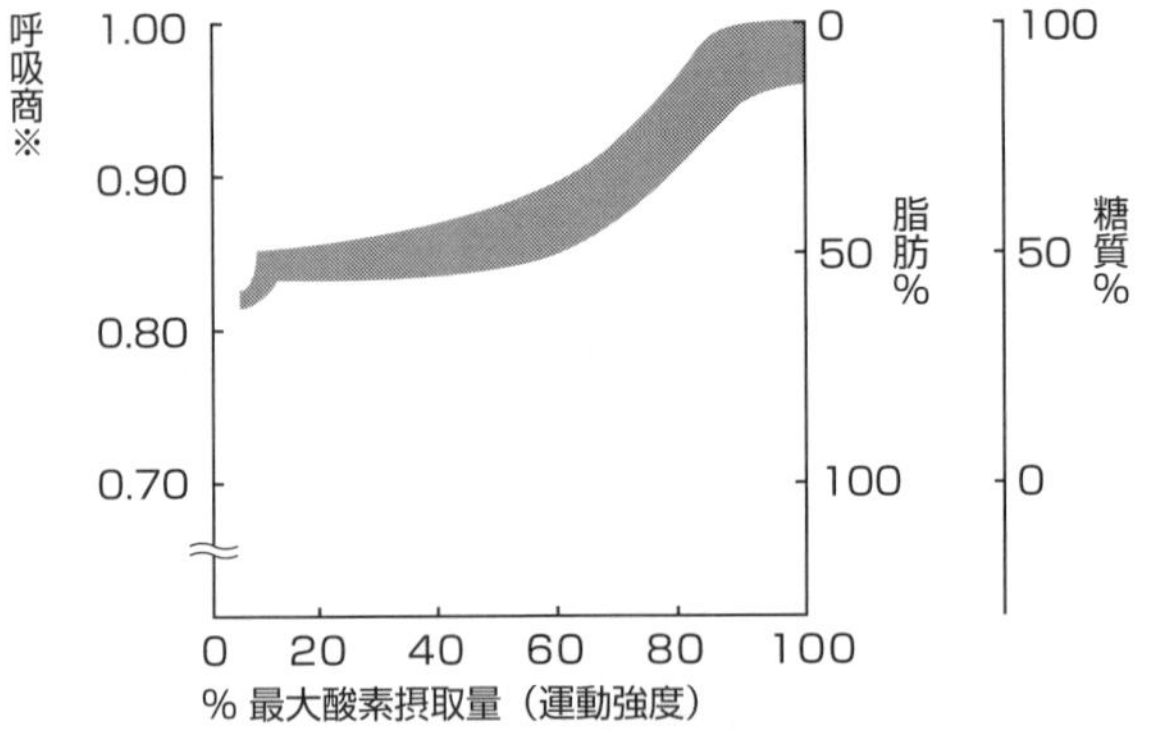

出典：浅野勝已ほか訳『オストランド運動生理学』大修館書店、1972から作成

● 結論 ●

体脂肪を燃やすのは有酸素運動！

※呼吸商
脂肪と糖質という使われる栄養素によって、体内で使われる酸素の量と、産生される二酸化炭素の割合が異なってくることを表現したのが呼吸商。
呼吸商＝単位時間あたりのCO_2排出量／単位時間あたりのO_2消費量

有酸素運動で無駄な体脂肪を燃やして
筋トレで筋肉をつける
太りにくい身体へ！

もっと効率よく200kcal消費するには？

いわゆる有酸素運動以外の方法で消費エネルギーをアップさせる方法もあります。

それは、有酸素運動で体脂肪を燃焼させながら、筋力トレーニング（以下：筋トレ）も行い、筋肉量を増やして基礎代謝量をアップさせる方法です。つまり、エネルギーを使う場所（筋肉）を増やしていくわけです。筋トレというと、無酸素運動と思われがちですが、負荷を加減すれば有酸素的に行うこともできます。基礎代謝があがれば、日々体内で消費されるエネルギーが増えるので、太りにくい身体になっていきます。それに、ほどよい筋肉は身体にメリハリを与え、魅力的な身体づくりには欠かせません。

かのマリリン・モンローも筋トレをしながら、シェイプアップに励みました。運動するときは筋トレも一緒に行うようにしましょう。

筋トレはアンチエイジングにもなる！

ひと昔前までは筋力トレーニングといえば、マッチョな男性がバーベル担いで「うおーッ」と声をあげてトレーニングをしているもの、という印象がありました。

しかし、今では女性タレントがジムでトレーニングをする姿も紹介され、随分とイメージが変わってきているようです。

アスリートがパフォーマンス向上のため補助トレーニングとして筋トレを取り入れているのは以前からですが、最近では肥満解消や生活習慣病予防のためにも、筋トレが効果的とされています。

また、筋トレを行うことで成長ホルモンの分泌が高まり若返り効果も期待できます。今話題のアンチエイジングにつながるとしても注目されているのです。

さらに、筋トレは介護予防の分野でも推奨されています。筋力が衰えないようトレーニングすることで転倒予防ひいては介護予防につながるのです。近年、高齢者向けのトレーニングマシンも数多く開発されており、この分野でも筋トレは重要視されています。

たとえ高齢者であってもトレーニングを続けていくことで筋肉を維持・発達させることができるのです。

それでは、筋肉はどのように発達するのか説明していきましょう。

筋肉は「超回復」で大きくなる

筋肉が現状よりも大きくなったり強くなったりすることを「超回復」といいます。最初に筋肉がどのように発達するのか説明しましょう。

筋トレをすると、筋線維に負荷がかかり、強度によっては筋線維が壊れることもあります。そして、筋線維はほぼ24〜48時間かかって修復されます。その材料となるのがタンパク質です。

筋肉は少しずつではありますが、修復前より強くなっていきます。それでこの過程を「超回復」といいます。それを繰り返していくことで、筋肉は徐々に大きく強くなっていくのです。

筋トレしても、筋肉がつかないのは…

まずは筋トレの頻度が足りているか確認しましょう。週に2〜3回は実施することが必要です。

筋力トレを毎日しているのに、全然筋肉がつかないこともあります。その原因は栄養不足にあるのかもしれません。

トレーニングで消耗した筋線維を修復するにはタンパク質が必要です。また、ビタミンやミネラルも必要です。さらにトレーニングをする際のエネルギー源として糖質も必要になります。

トレーニングを行うのに十分な栄養を摂らないと、身体は元からある筋肉を分解してエネルギーにしてしまいます。したがって筋肉はさらに消耗し、筋力は落ちていきます。

筋力トレーニングを行う際には食事に気をつけ、タンパク質を適宜摂取するよう心掛けましょう。また料理で脂肪を摂り過ぎてしまうと思われるときは、低脂肪・高タンパク質の補助食品であるプロテインを利用してもいいでしょう。

●超回復のメカニズム●

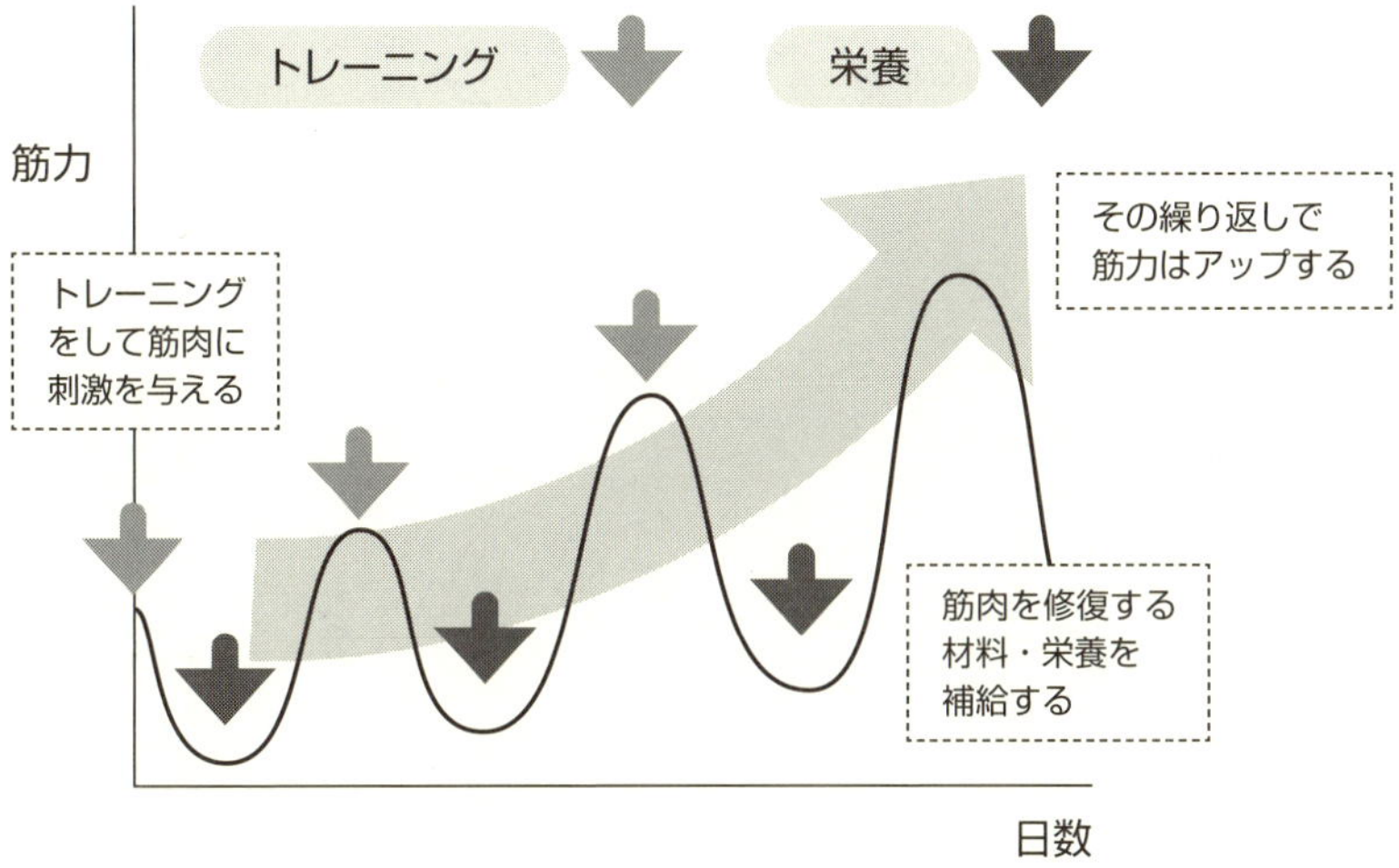

トレーニングだけで、栄養補給が不充分だと…

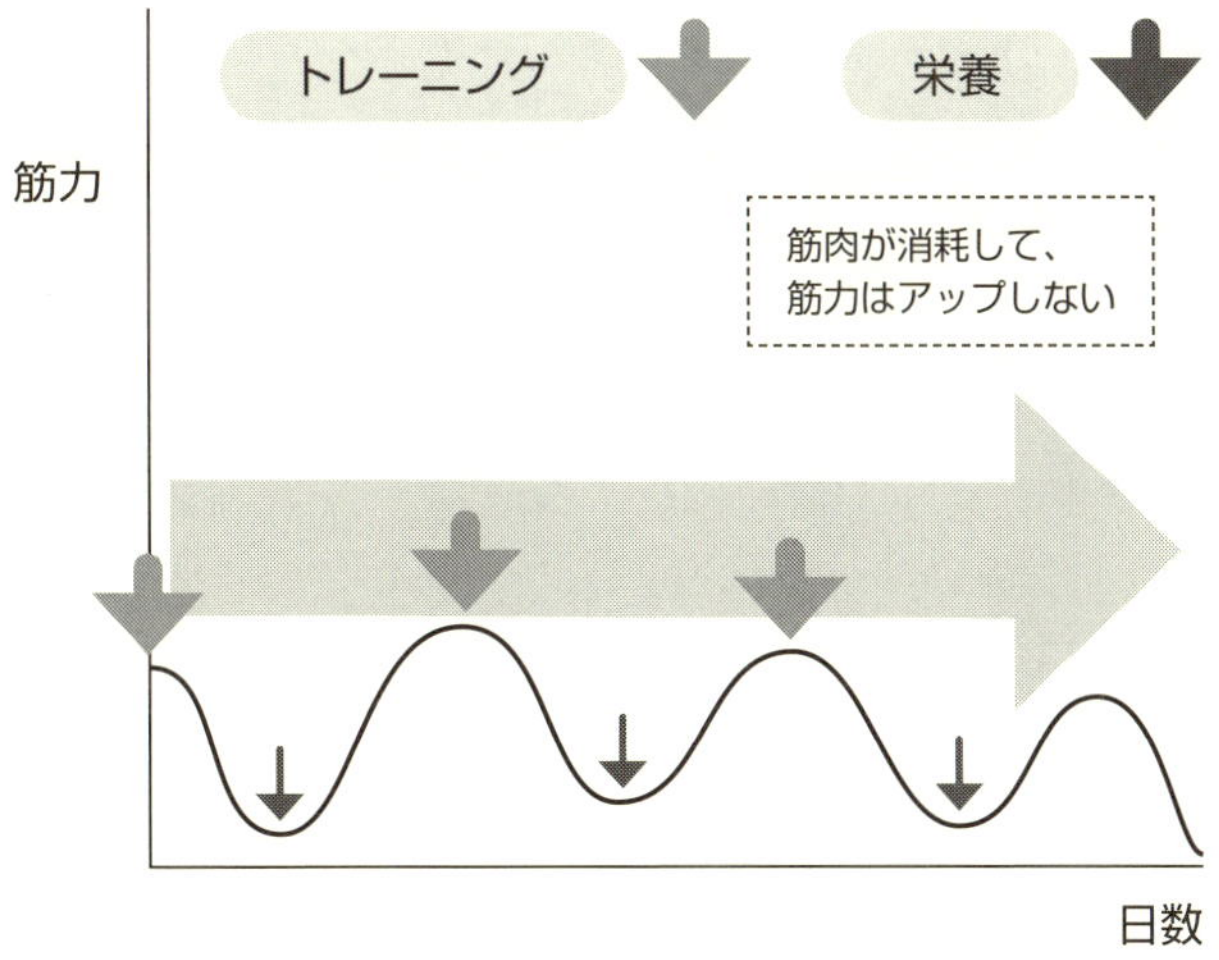

出典：N.G.オゾーリン．A.O.ロマノフほか著、岡本正巳訳『スポーツマン教科書』（講談社）より改変

第四章

ウォーキング&ストレッチで身体を整えよう!

それでは運動をはじめてみましょう。

「ウォーキング」と「ストレッチ」、両方とも運動初心者にも行いやすいものを考えました。

ウォーキングは手軽にできる運動として人気がありますが、以前は連続して30分以上行わないとフィットネス効果がないといわれていました。

しかし、最近では10分ずつ3回に分けて行っても効果があることが証明されました。

一度に30分ウォーキングする時間のない人でも、朝、昼、夕と3回に分けて行えば、同じ効果が得られるのです。特別に運動の時間を設けなくても、朝夕に駅1つ分歩く、昼に近くのレストランまで行ったり、階段を利用するなどのことで効果は得られるのです。

左のページのグラフはそのことを証明しているデータです。

1日30分連続でも

10分×3回でも

体重は減る！

●30分連続ウォーク●

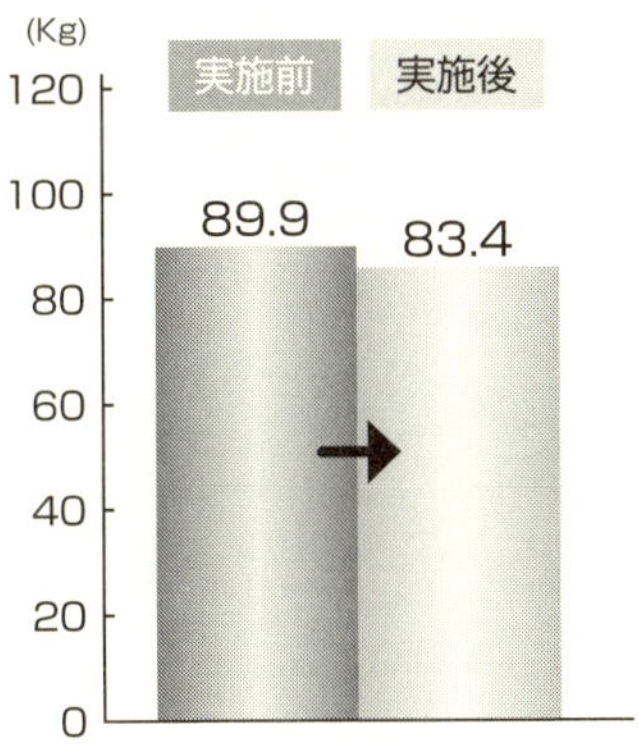

●10分×3回ウォーク●

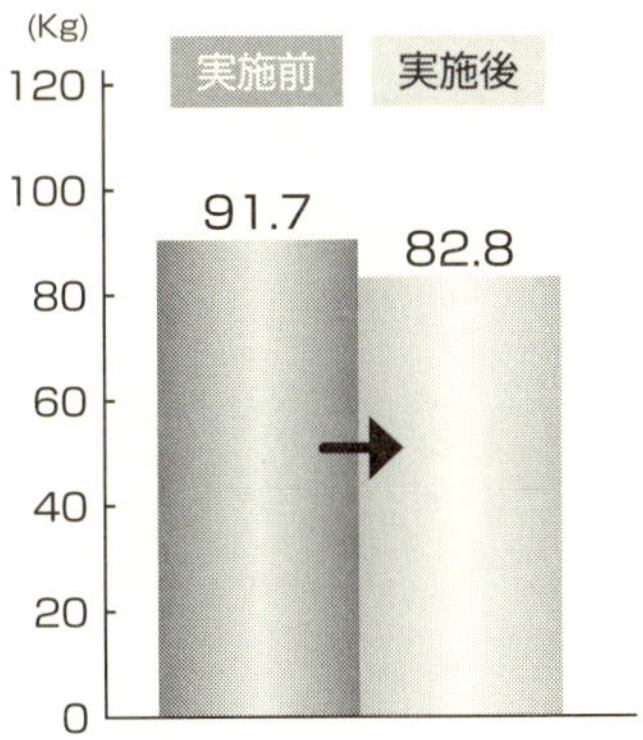

Jakicic,JM.,et al.,IJ Obes Relat Metab Disord.19:893-901,1995

●28名の平均40歳の女性が
20週間、週に5回のウォーキングを行った
●運動強度は70%の心拍強度（220—年齢）×0.7
●食事は1200～1500kcal(脂肪エネルギー比20%）に制限

ウォーキングで食事も改善される

ウォーキングを行うことでやせることはわかりましたが、その他にもさまざまな効果があります。

左のグラフは高齢者が8週間ウォーキングを行ったときの変化についてまとめたものです。身体活動量が増え、同時に体重も減っています。

注目したいのはエネルギー摂取量（食事の量）が増えていることです。

とくに食事指導はしていませんが、ウォーキングで消費するので身体はエネルギーを欲し、そのため食事の量は増えるのですが、食事内容が改善されているため、体重は減っているのです。

ちなみにこの研究は夏に行ったため、対照群は身体活動量もエネルギー摂取量も低下しています。これは暑さによるものと考えられます。

●8週間のウォーキング実施による身体活動量と栄養摂取状況の変化●

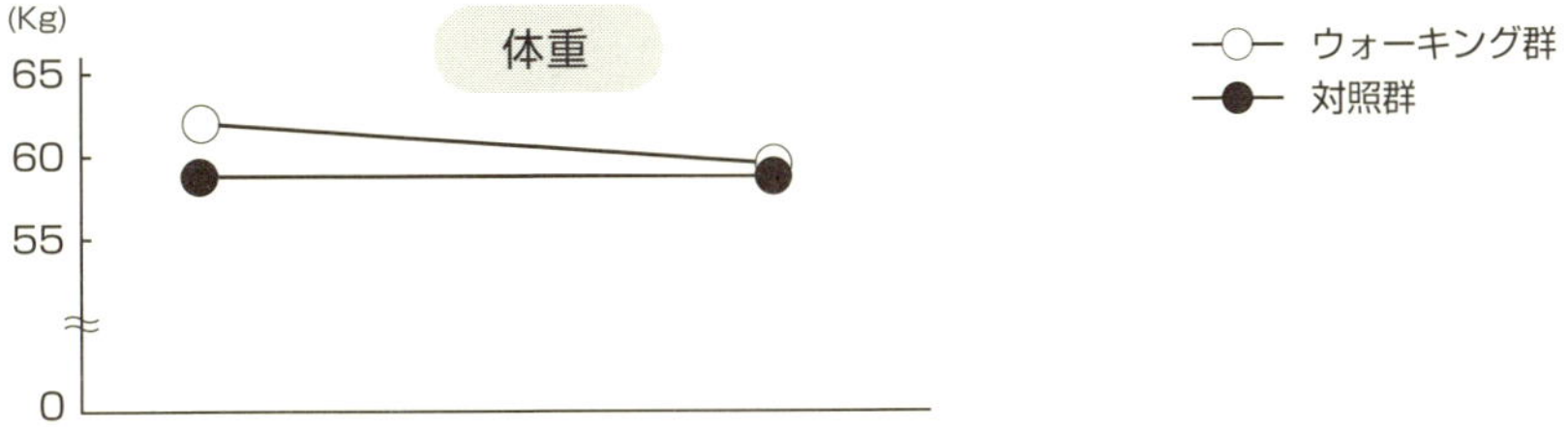

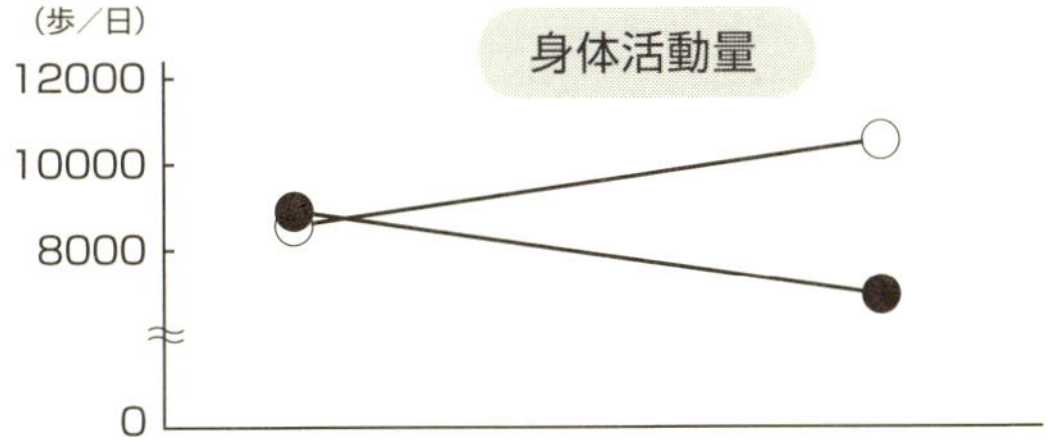

食べる量は増えても

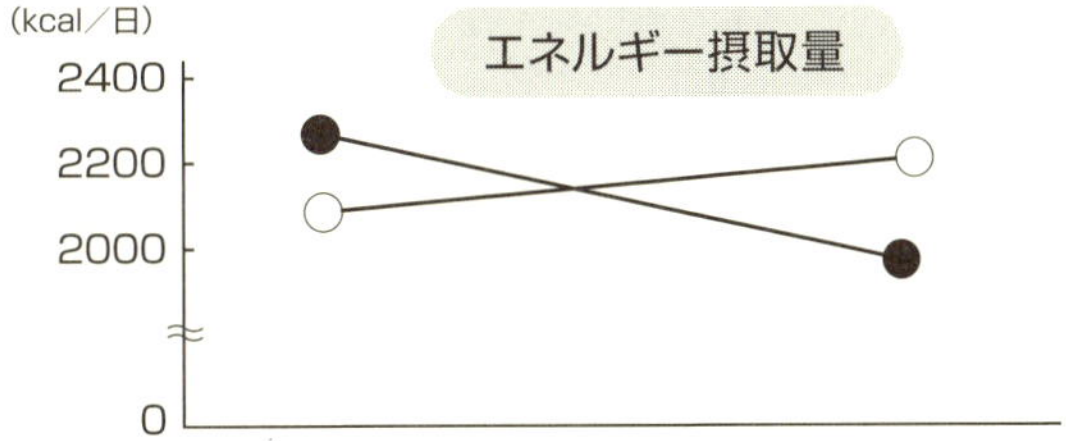

●栄養摂取状況の変化●

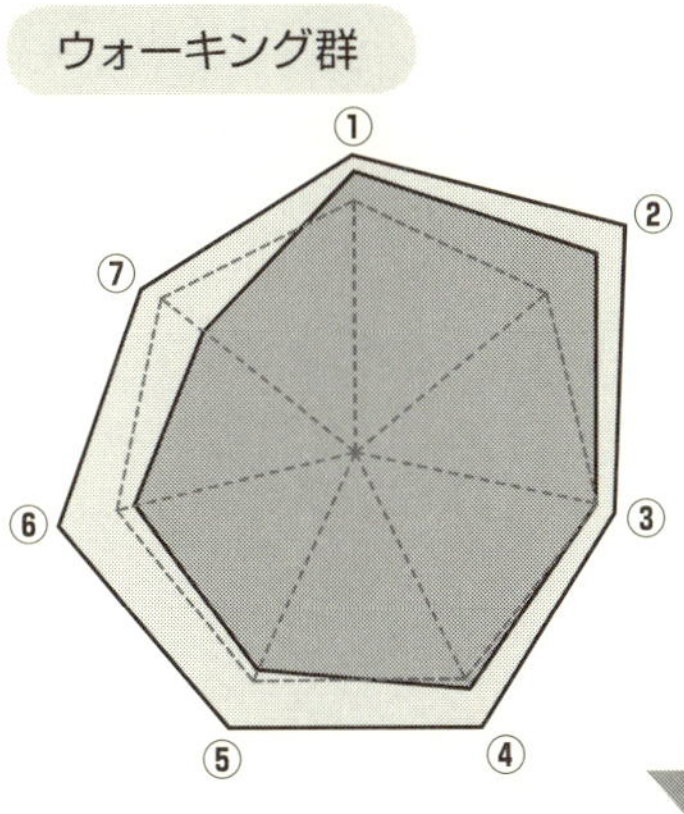

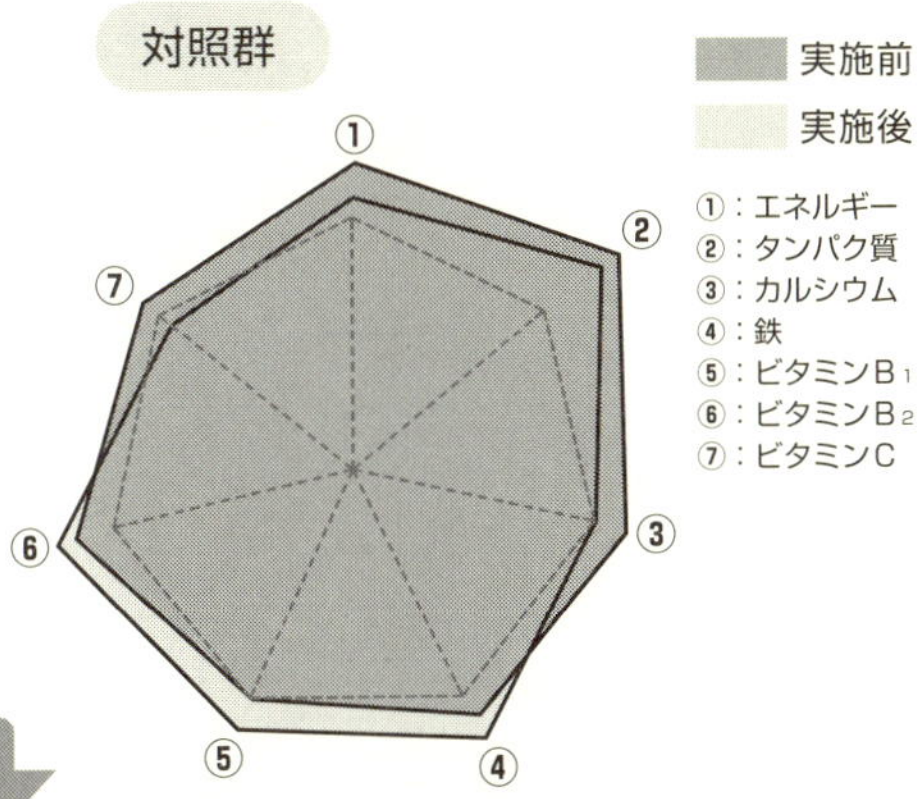

バランス良く食べて動いていれば体重は減る

引用：酒井健介ほか Walking Research,8:163:170,2004

ウォーキングをはじめよう！

さあ、これからウォーキングをはじめましょう。ウォーキングといっても歩き方によって使われるエネルギー量が変わってきます。

私の恩師である小林寛道先生（東京大学名誉教授）が歩き方の種類をわかりやすくまとめたものがありますので紹介しましょう。

好ましくない歩き方

普段、このように歩いている人は多いのでは？　おもに膝から下を使って歩いていおり、股関節をあまり動かしていない。歩幅がせまく背中も丸くなりがち。情けない歩き方といえる。

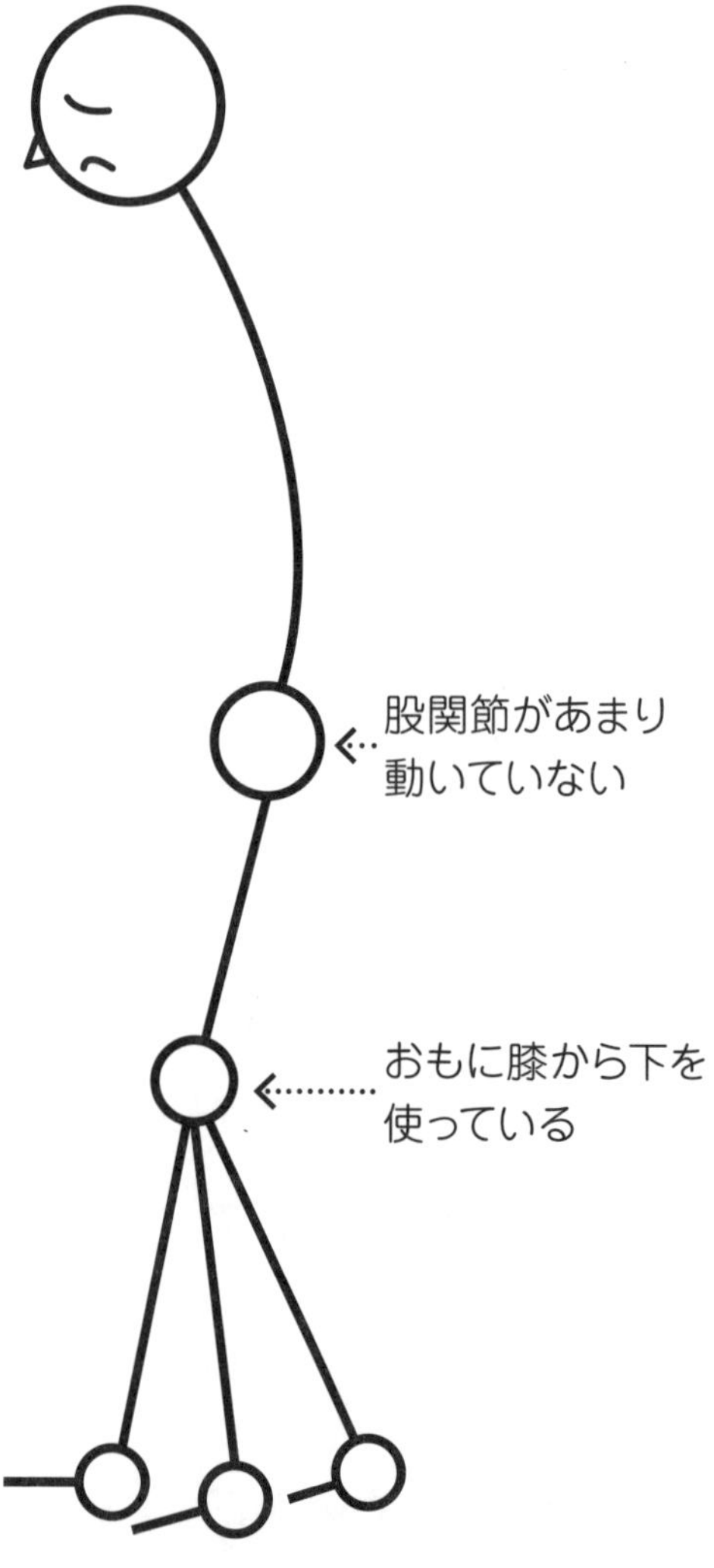

出典：『ランニングパフォーマンスを高める　スポーツ動作の創造』小林寛道,杏林書店,2001

好ましい歩き方

通常の歩行における理想型。大転子（大腿骨の上端の部分）を軸に脚が振り子のように動く。かかとで着地し、後方ではつま先で地面を押すように蹴り出す。背筋を伸ばし、身体の重心が体側線（横からみて地面に垂直に身体重心を通る直線）を通るとき、膝が軽く曲がる。

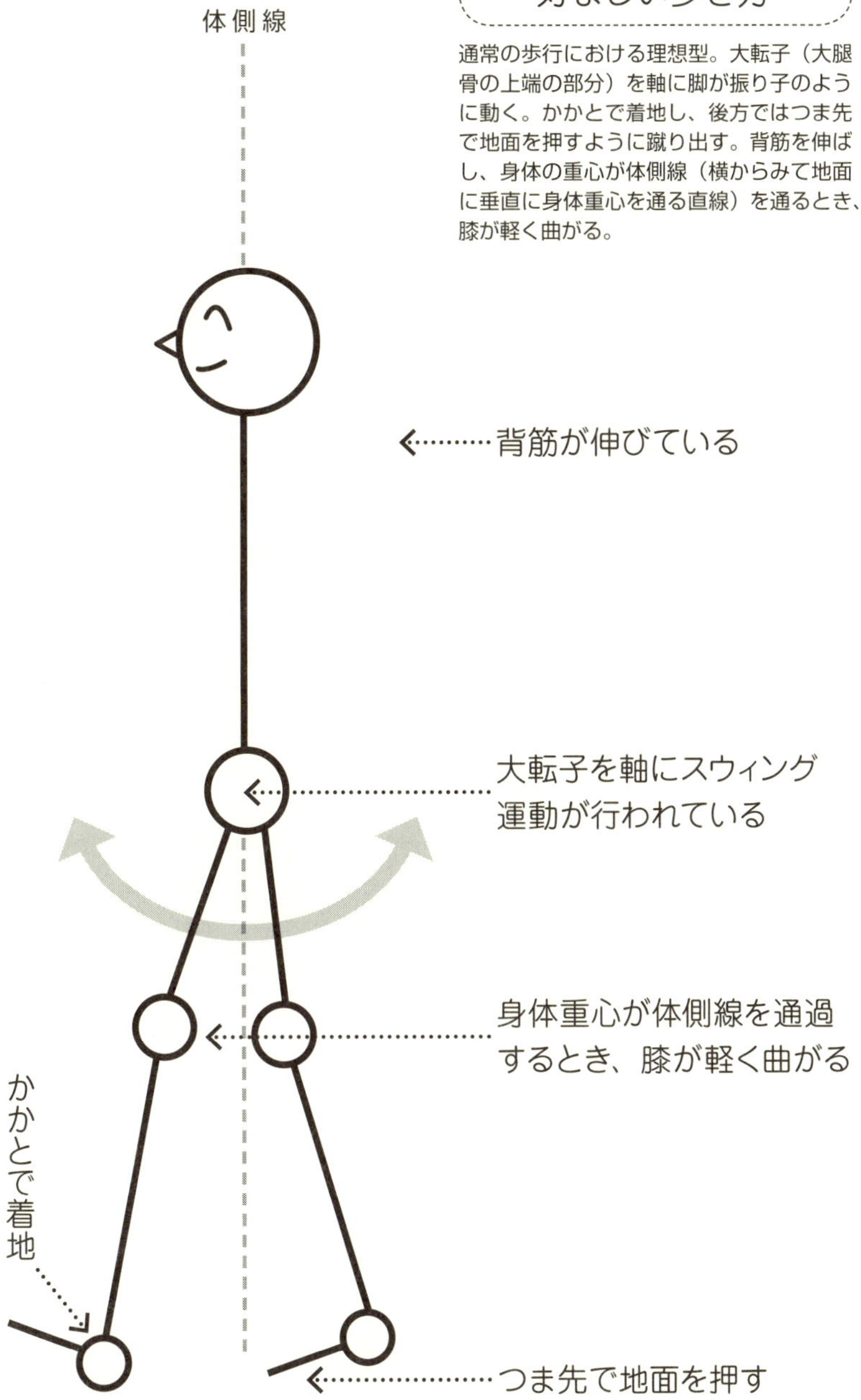

第四章 ウォーキング&ストレッチで身体を整えよう！

運動量の多い「エクササイズウォーキング」

健康増進やシェイプアップを目的に行うウォーキングを「エクササイズウォーキング」といいます。

普段意識しなくても自然に脚が動いて歩きますが、エクササイズウォーキングはより意識的に歩く運動です。

歩幅はいつもより広くとり、さらに前方に着地。このときしっかりとかかとから着地することで、脚の筋肉への運動効果が高まります。身体重心が体側線を通過するとき、膝は軽く曲げ、腰は高い位置を保ちましょう。キックは拇指球《ぼしきゅう》（足の親指のつけ根）で地面を捉えて身体を前方に押しだすようにします。後ろで膝が十分に伸びるイメージを持つことがポイントです。足首は常に立った時と同じ90度をキープするようにしましょう。

エクササイズウォーキング

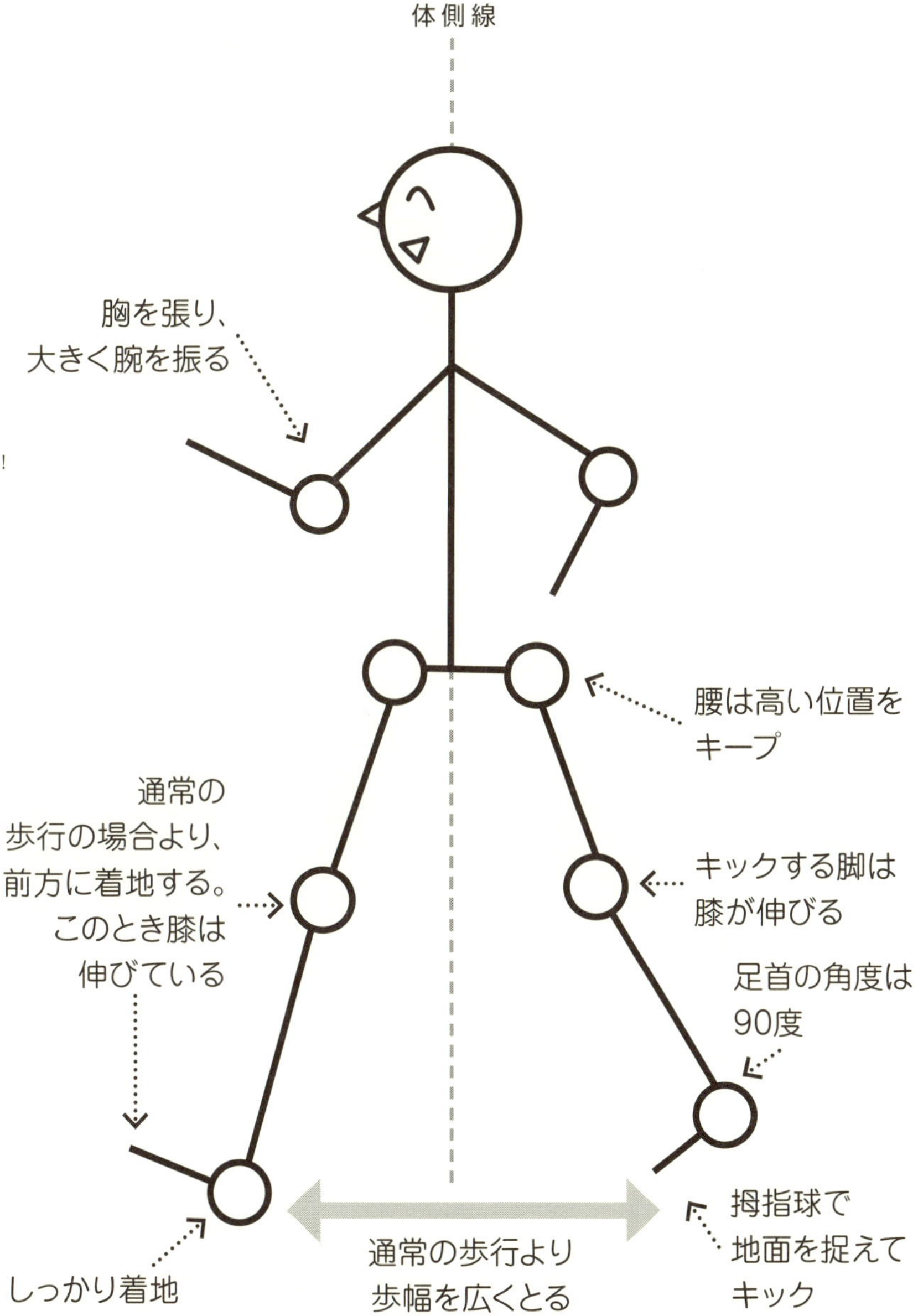

進化した歩行術「コアストレッチウォーキング」

大転子を回転軸の中心として歩くウォーキング法と違い、コアストレッチウォーキングでは回転軸の中心が胸（胸椎：みぞおちの部位）にあると考えます。

するとスウィング長（回転運動における半径）が大転子の場合よりも長くなります（左の図参照）。

また、胸椎は腰椎に比べて水平の捻りの範囲が大きいので、体幹を柔軟に使うことができます。そのため、骨盤を左右前後に大きく捻る必要がありません。

かかとをかなり前方に着地させても、スウィングの円弧が大きいのでスムーズに前へ前へと進むことができるのです。

このように体幹の部分がひねり動作によって引き伸ばされることから「コアストレッチ」と命名されました。

脚が胸から出ているとイメージして歩くと
大きな回転円弧になるので
水平面からはみ出す部分が少ない

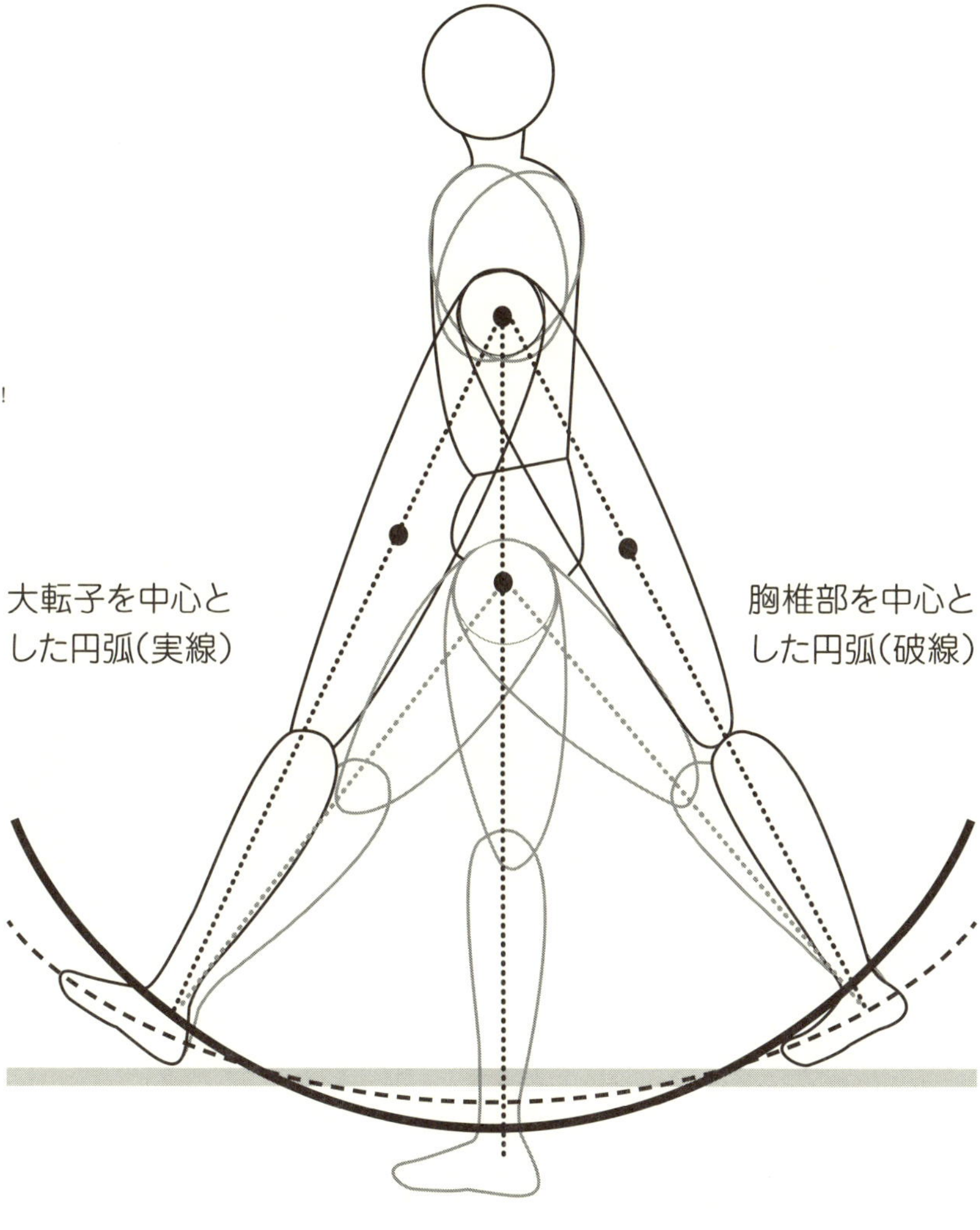

●新技術に基づいた歩行技術の模式図●

胸椎の高さを胸部の振り子運動の中心とする

コアストレッチウォーキングの特徴

そしてさらに進化したウォーキングがコアストレッチウォーキングです。

このストレッチウォーキングは効率良く歩くための歩行術ですが、体幹を捻って歩くことから、内臓の働きを活発にしたり、柔軟性もアップします。また、肩こりや腰痛の予防にも効果的であることが確かめられています。以下に、特徴をまとめてみました。

身体全体を
大きく、柔らかく、
スムーズに
使う

身体重心が
体側線を通過するとき
全身が弓なりのかたちに
なるように

ウォーキング動作
によって、膝の裏側、
腿の前側の上、お尻、腰、
背中、および体幹（コア）が
ストレッチされている
ことを意識しよう

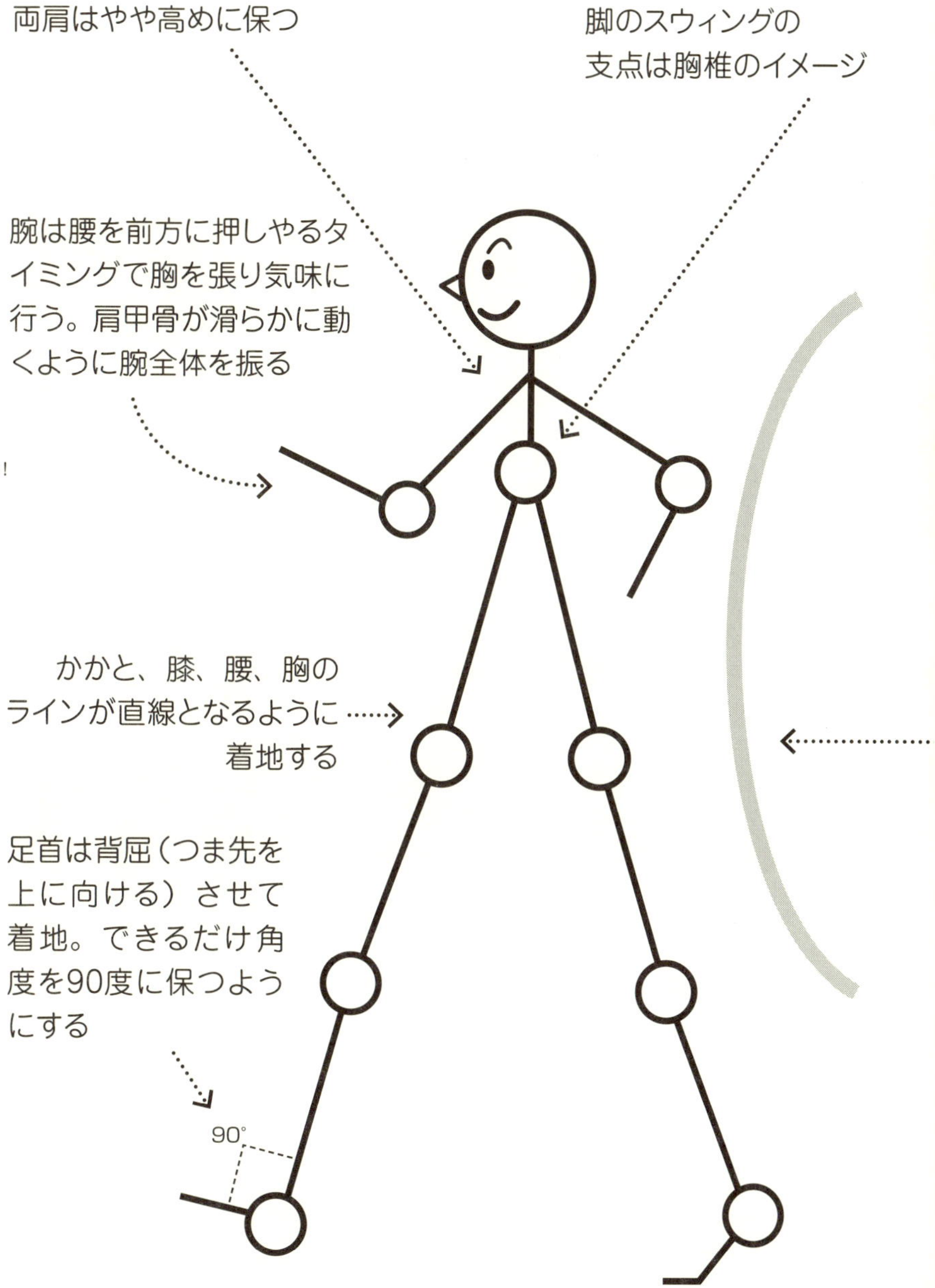
両肩はやや高めに保つ
脚のスウィングの支点は胸椎のイメージ
腕は腰を前方に押しやるタイミングで胸を張り気味に行う。肩甲骨が滑らかに動くように腕全体を振る
かかと、膝、腰、胸のラインが直線となるように着地する
足首は背屈（つま先を上に向ける）させて着地。できるだけ角度を90度に保つようにする
90°

コアストレッチウォーキングをマスターしよう

いきなり「胸から脚が出ているようにイメージする」といわれて戸惑う人もいるでしょう。ここではコアストレッチウォーキングを練習する方法を紹介します。

コアストレッチウォーキングの難しいところは「右脚と右腰を同時に前方に出す」ことです。脚と腰は同じ右が出ていても、体幹のひねり動作が加わるため、腕は左が出ます。

それを体得するには、両手を胸の前に出して指を組んで、胸から15㎝くらい離し、右脚と右腰を同時に前方に出したときに、右肘を後ろに引いて、組んでいる指の部分を右の体側にもっていきます。同時に右胸を張ります。次に、左脚と左腰を前に出し、左肘を後ろに引いて左胸を張ります。

コアストレッチウォーキングの練習方法

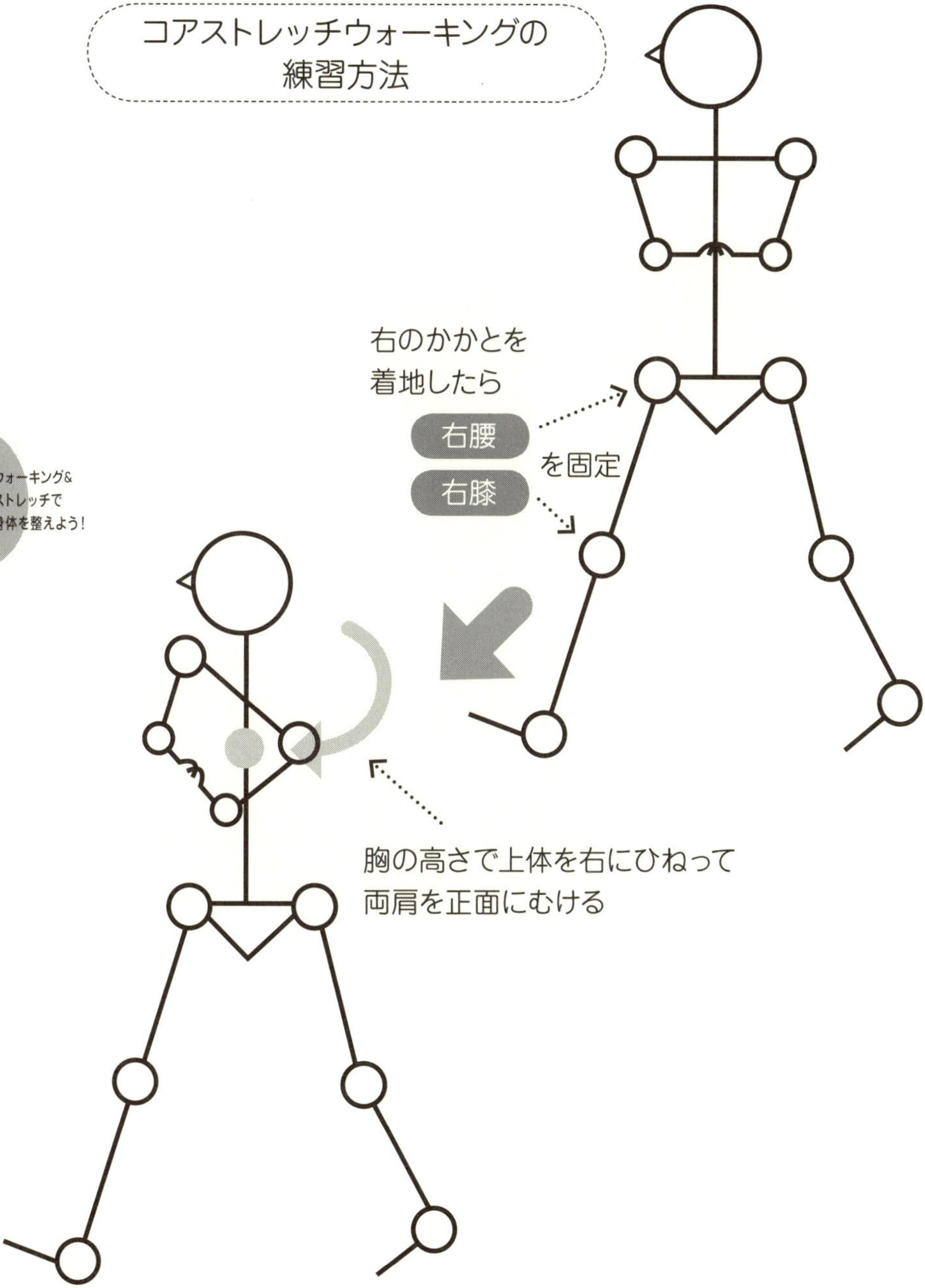

これらの動作をスムーズに連続して行えるように練習しましょう。弾むように歩き、体重を前の脚に乗せていくようにすると感覚がつかみやすいでしょう。

さて、ウォーキングにも筋トレにも共通することですが、運動をするときは体調に十分留意してください。

風邪をひいているときや二日酔いなど、体調がすぐれないときに無理をして行ってはいけません。

そして、運動中の水分補給も忘れないようにしてください。

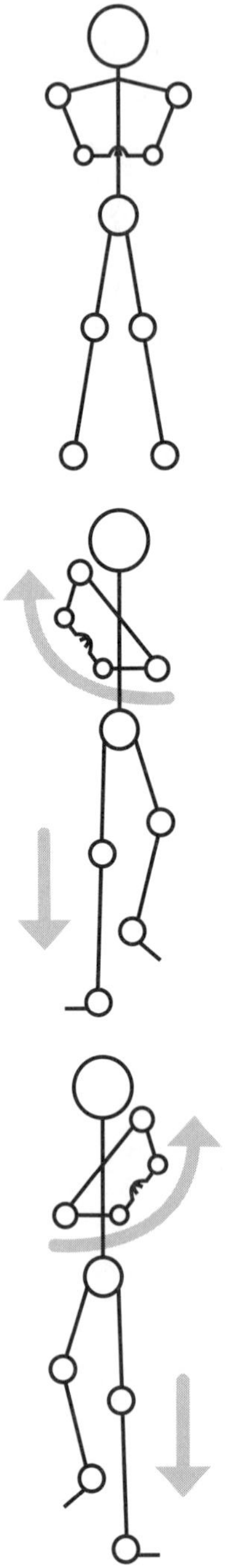

右のかかとを着地したら同時に

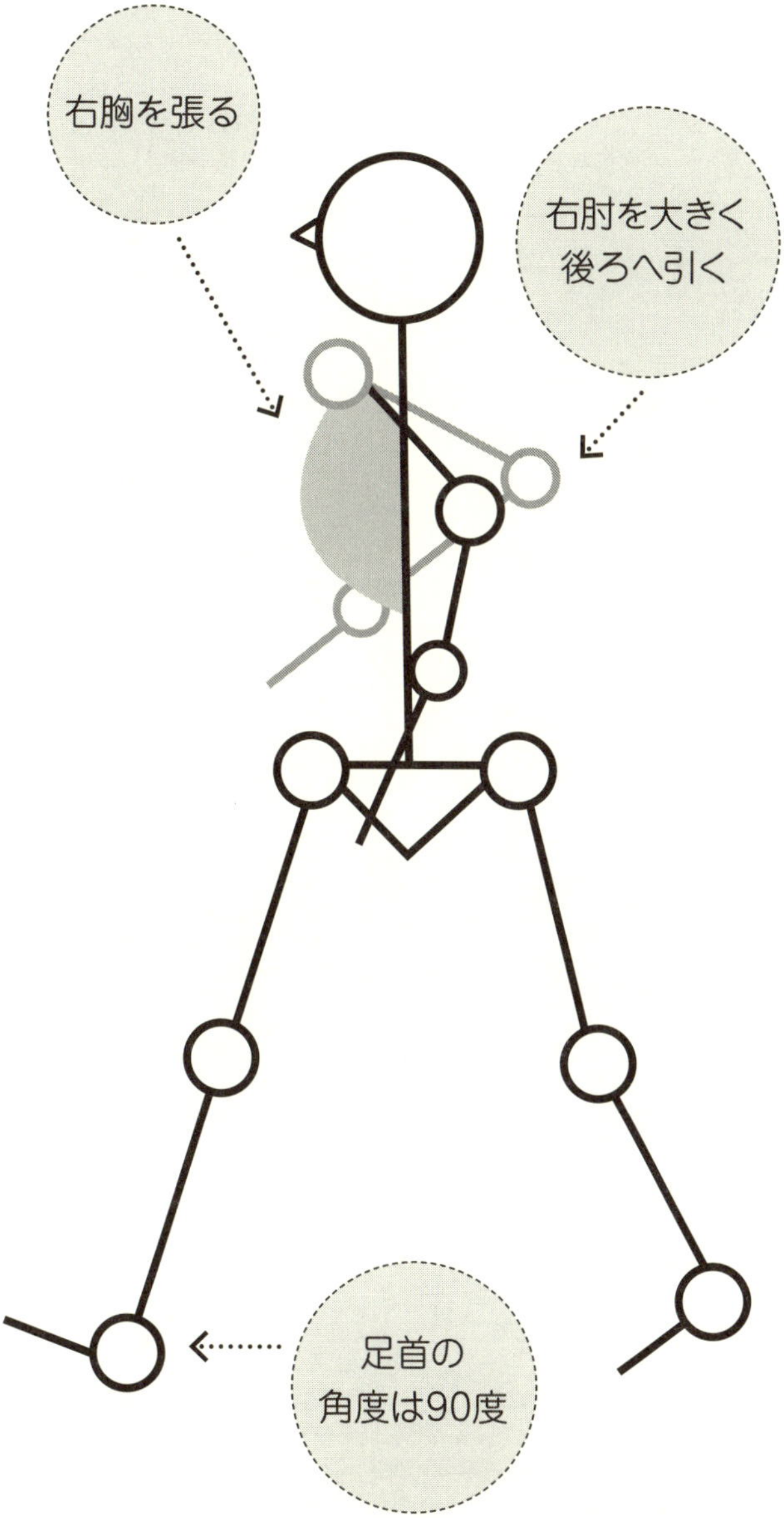

おすすめストレッチ&筋力トレーニング

ここでは簡単なストレッチを紹介します。次の章で紹介しますが、運動初心者にオススメなのが、安全で短時間でも効果が期待できるスロートレーニング。スロートレーニングは、どんな種目においても反動をつけず、筋肉の収縮と伸展を意識しながらゆっくりと行うトレーニング方法です。負荷は軽めに設定し、膝や肘を伸ばし切らない範囲で10～20回を2～3セット行います。

こうしたトレーニングを行う前には、必ずストレッチを行います。ストレッチをしっかりと行うことは、それ自体がエクササイズになるだけでなく、トレーニングによる筋肉や靭帯への負担を軽減し、運動後の疲労回復にも役立ちます。ゆっくりと息を吐きながら、10～20秒行いましょう。

音楽を利用して行おう

ストレッチや筋力トレーニングを行う際、8ビートの音楽にあわせて行うと、リズミカルに続けることができます。例えば、挙げる動作を1、2、3、4の4ビートで、下ろす動作を5、6、7、8の4ビートで行い、合計8ビートになるようにします。音の速さは120～130bpm、エアロバイクであれば、1分間に65回転程度の速さが目安です。

ストレッチ

1

全身のストレッチ

足を肩幅に開いて立ち、両手を組んで手の平を返して上に伸びる

2

体側のストレッチ

❶の姿勢のまま左右に倒す

3

背中のストレッチ

身体の前で両腕を組み、背中を丸める。腕と背中をひっぱり合って肩甲骨を開く

4

胸のストレチ

両手を背中の後ろで組み、左右の肩甲骨を引き寄せるようにして胸を開く

5

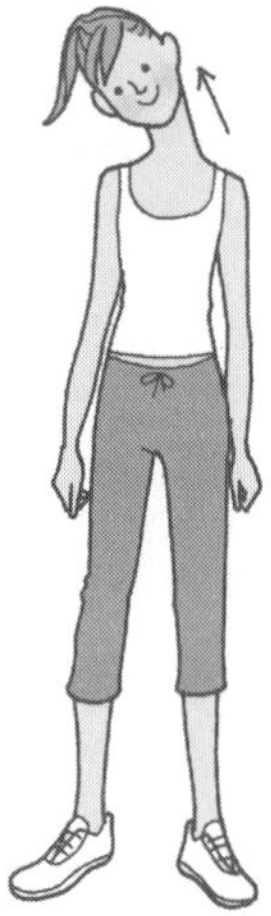

首のストレッチ

背筋を伸ばして立ち、首を前後、左右、左後ろ、右後ろに傾ける

6

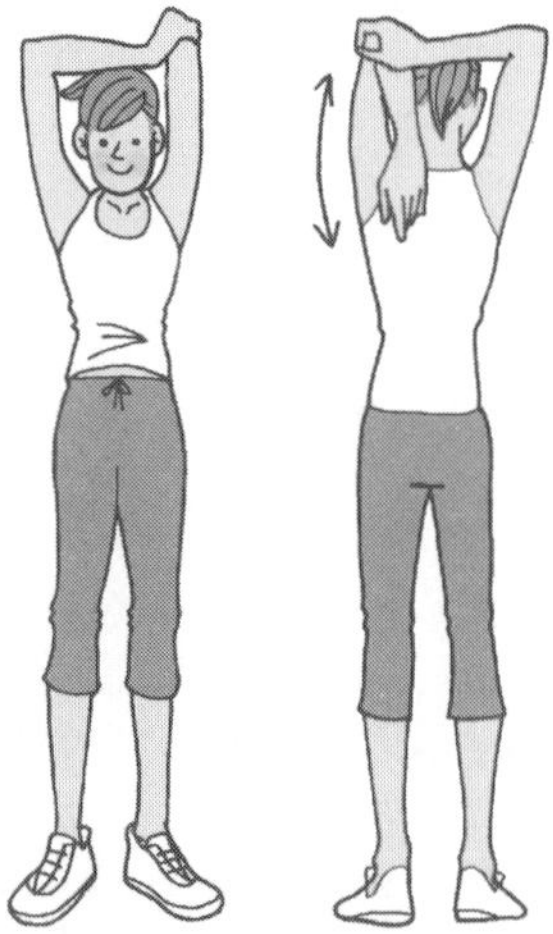

腕の裏側のストレッチ

片腕を上に伸ばし、もう片方の手で肘を引き寄せる

7

肩のストレッチ

片腕を横に伸ばし、もう片方の手を下から通して手前に引き寄せる

8

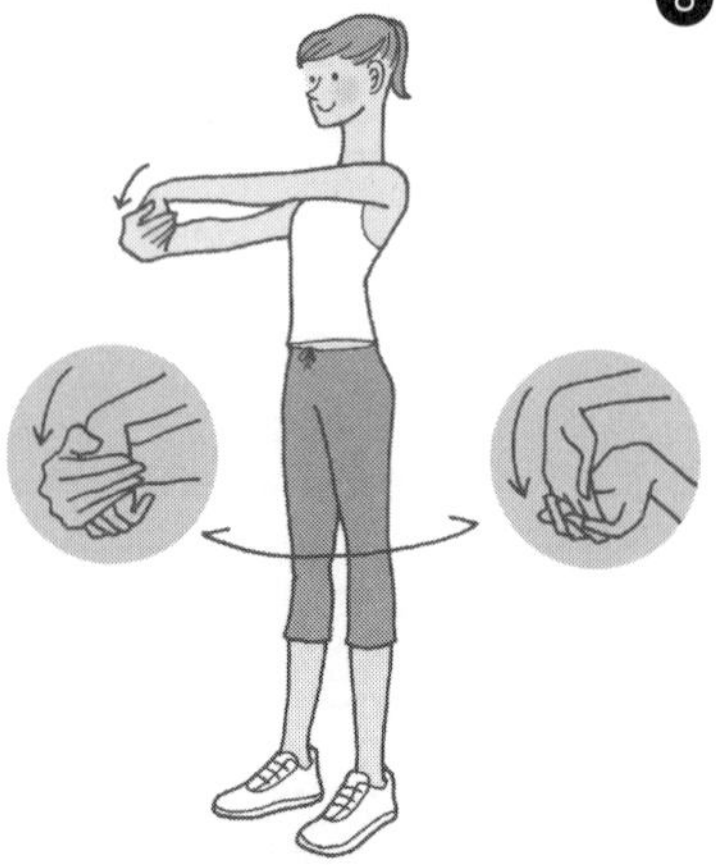

前腕のストレッチ

片腕を前に伸ばし、もう一方の手で手首を倒して腕の内・外側を伸ばす

上体のストレッチ

両手を腕の前に構えて、上半身を左右にひねる

腰周りのストレッチ

両脚を開いて膝を少し曲げて立ち、腰を前後、左右に突き出し、次に腰を回す

内転筋と肩のストレッチ

両脚を開いて膝を曲げ、両手で膝頭をもつ。肩を入れて身体をひねる

内もものストレッチ

両脚を大きく開き、片膝を曲げて体重を乗せる

四股のストレッチ

13…①

両脚を大きく開き、膝を深く曲げる

13…②

大きなボールをもち上げるイメージで
両手を床につく

13…③

そのまま両手を上にもち上げ、
正面でかしわ手をうつ

13…④

片脚ずつ高くもち上げ、四股を踏む

14

脚の付け根のストレッチ

脚を前後に開き、骨盤を後傾させて脚の付け根を伸ばす

15

ふくらはぎのストレッチ

脚を前後に開き、前脚に体重を乗せてふくらはぎを伸ばす。後ろ脚の膝を伸ばせば腓腹筋、曲げればヒラメ筋のストレッチになる

16

ハムストリングスのストレッチ

脚を前後に開いてお尻を後ろに突き出し、ももの裏を伸ばす

17

もも前のストレッチ

片方の膝を曲げ、後ろから手で足首を引き寄せかかとをお尻につける

第五章

ホームエクササイズの決め手はダンベルとバランスボール

バランスボール（別名Gボール）は1963年にイタリアで開発され、その後スイスでリハビリテーションのための医療器具として使用されるようになりました。日本には1980年代に伝わり、有名スポーツ選手がトレーニングに使用してから知られるようになりました。

不安定なボールに「のる」「はずむ」「ころがる」、そしてボールの上でトレーニングする（例えばダンベル運動時のベンチの代わりに使用する）ことにより、バランス感覚が磨かれ、姿勢が矯正され、筋力アップも期待できます。大きさは直径45〜75㎝まであり、座ったときに膝が直角になるように選ぶのが一般的です。また、ボール内の空気の量を調節することにより、硬さを変えてトレーニングの難易度を調節することができます。

本章では、自分の体重あるいはダンベルやマシンを用いた筋トレとバランスボールのトレーニングを解説しますが、ダンベルとバランスボールを揃えれば、自宅がホームジムに早変わりします。

ボールエクササイズ

基本姿勢

横からみて骨盤が垂直になり、その真上に上半身がのっている状態が基本姿勢。背骨はゆるやかなS字を描くように。鏡でチェックしてみよう

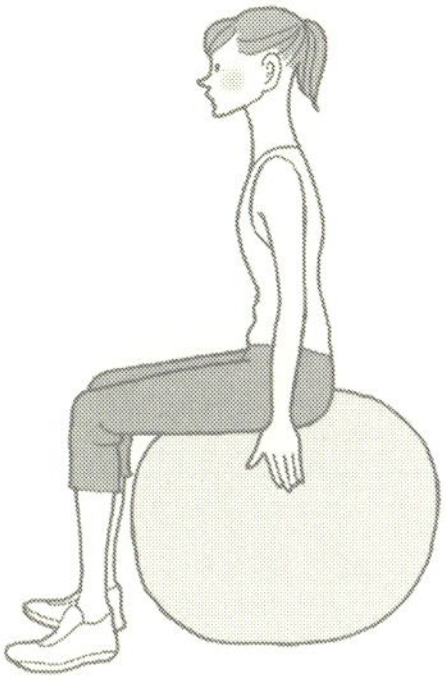

骨盤を左右に動かす

膝とつま先を同じ方向に向けて、手は腿の上に置く。ボールを転がす要領で骨盤を左右に動かす。頭の位置を変えずに骨盤と肋骨をくっつけるように動かすのがポイント。背骨と股関節周辺をほぐすのに有効

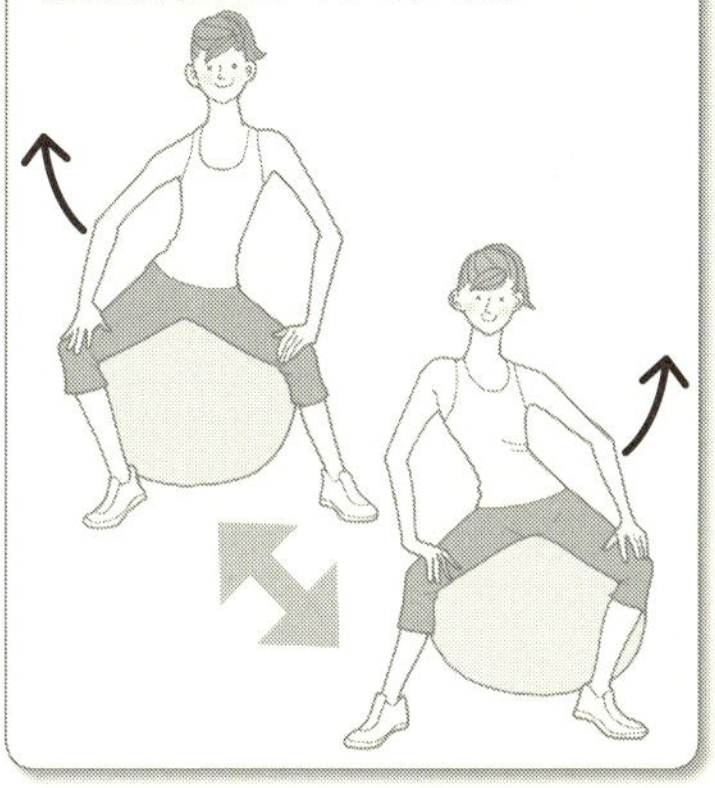

骨盤を前後に動かす

膝とつま先を同じ方向に向けて、手は腰にそえる。ボールを転がす要領で骨盤を前後に傾ける。ボールを前に転がすときは骨盤が後ろに傾き、背中が少し丸まる。後ろに転がすときは骨盤が前に傾き、腰部がわずかに反る。頭頂部が天井へ向かって伸びていくようにし、肩は上げないこと。肋骨は動かさないようにし、おへそから下を前後に動かすようにする。腹筋を刺激し、腰部周辺をほぐす

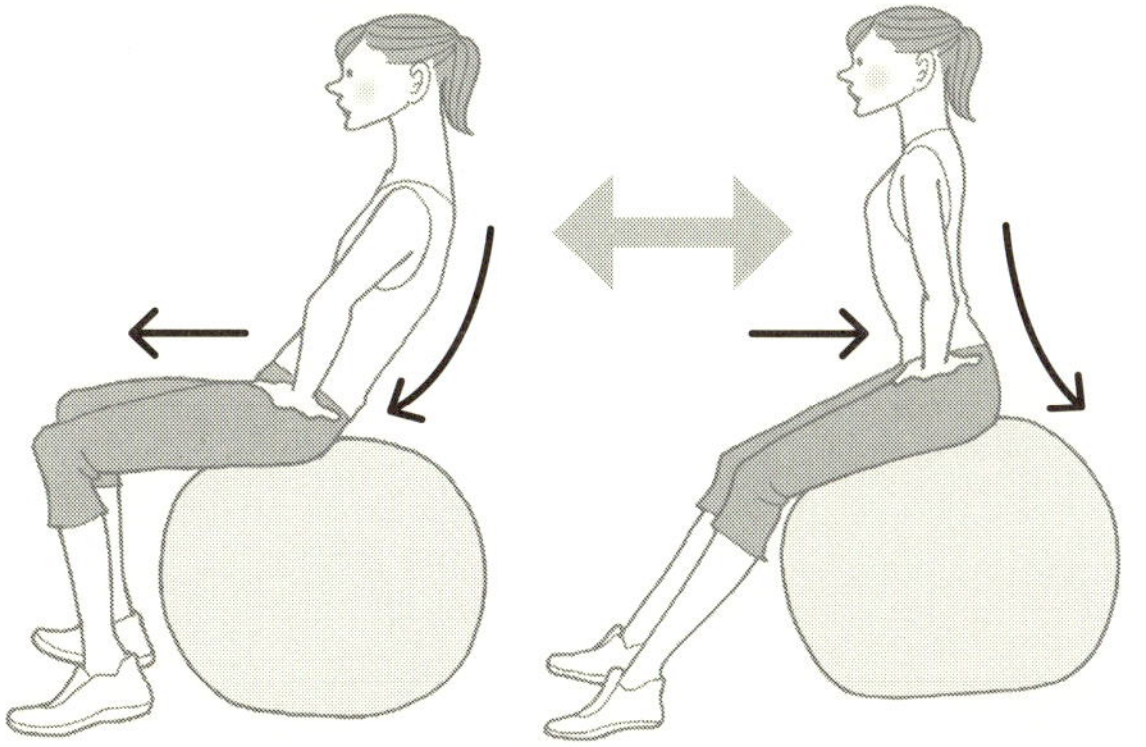

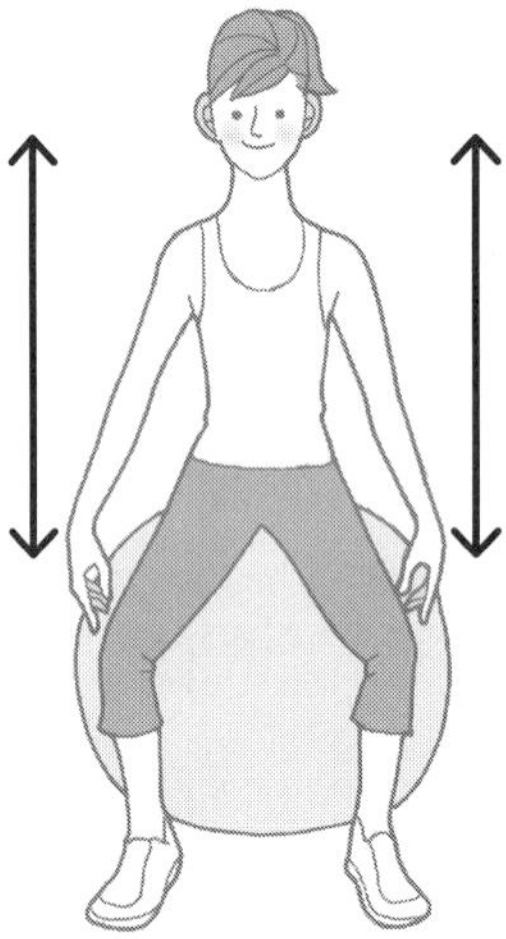

バウンス

「基本姿勢」を維持したまま、小さく弾む。ポイントは、膝とつま先を同じ方向に向け、両腕は自然に垂らし、足の裏でしっかりと床を踏み込み、ボールの位置が変わらないようにすること。全身の動きを調整する意味がある

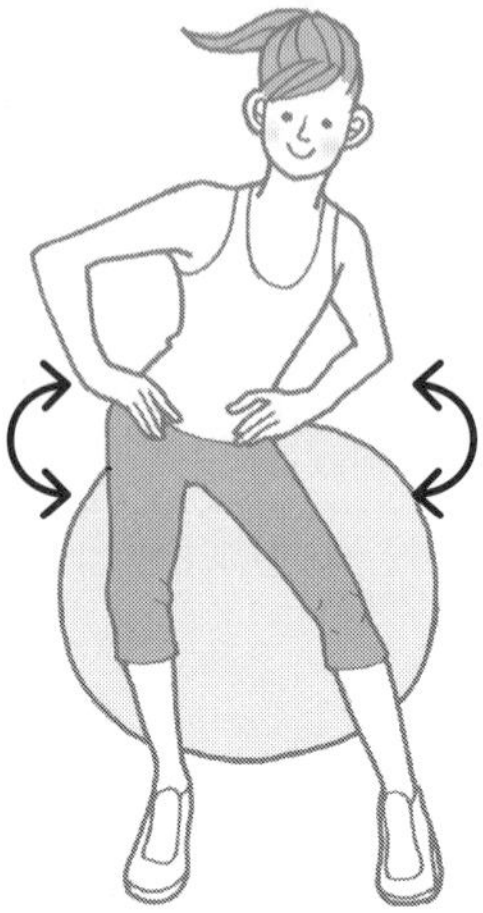

骨盤を回転させる

膝とつま先を同じ方向に向けて、両手はももの上に置く。骨盤を使って時計回りにボールを回し、反対回りにも回す（回転は8回が目安）。股関節周辺をほぐすのに有効

体側のストレッチ

体側の柔軟性を高めるストレッチ。「基本姿勢」から片腕を上げて息を吸いながら天井に向かって上半身を引き上げ、息を吐きながら上げた腕を逆側へ、できるだけ遠くへ伸ばすように倒していく。身体の中心のさまざまな筋肉を目覚めさせ、背中にこわばりがある人は、その改善にも効果が期待できる。ボールの上をお尻が横に転がるようにすると効果的

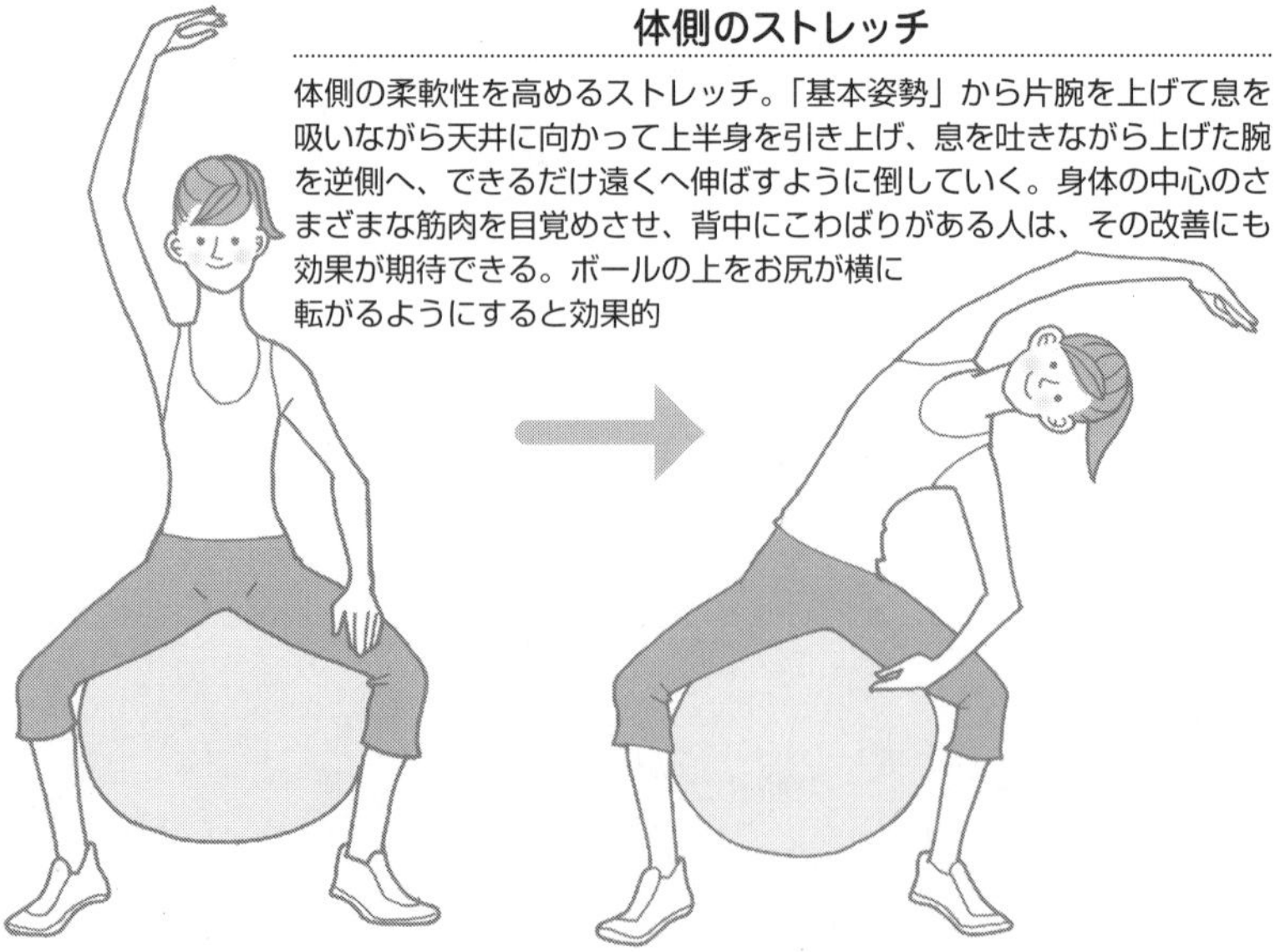

バランス❶

「基本姿勢」でボールに座った状態から床についた足を離し、ボールから落ちないようにバランスをとる。バランスを保持するための筋力と感覚を養うことができる。後ろに倒れて頭をぶつけないように注意

バランス❷

バランスエクササイズの上級編。ボールの上で膝立ち状態をキープする。右のバランス❶をクリアしてからチャレンジしてみよう。四つんばいから入ると比較的楽にできる

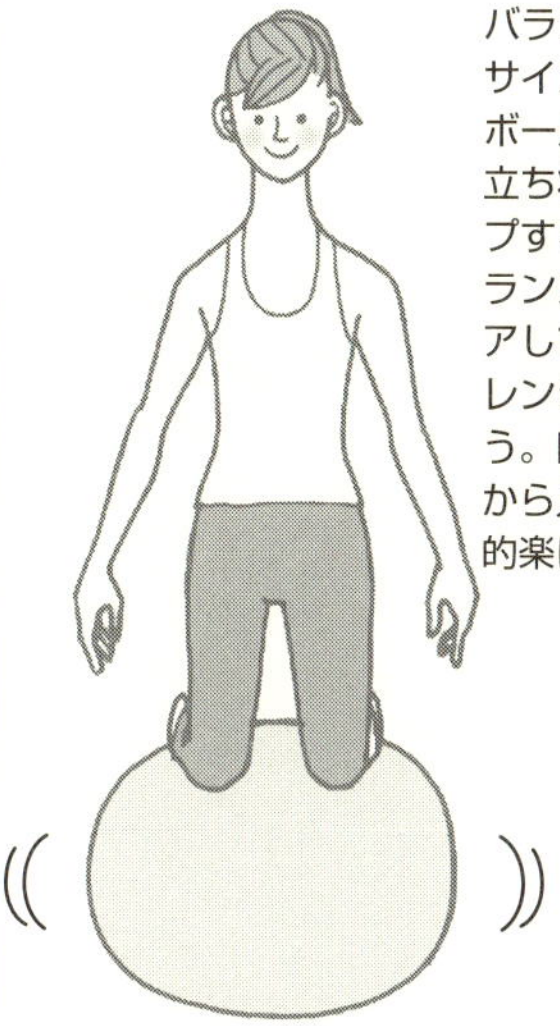

バランス❸

ボールに腹ばいになり、両手両膝を床つける。その状態から右腕を前方へ伸ばす（腕は耳の高さ）。次に左脚を腰の高さまで、ゆっくりと上げてキープ。反対側も同様に行う

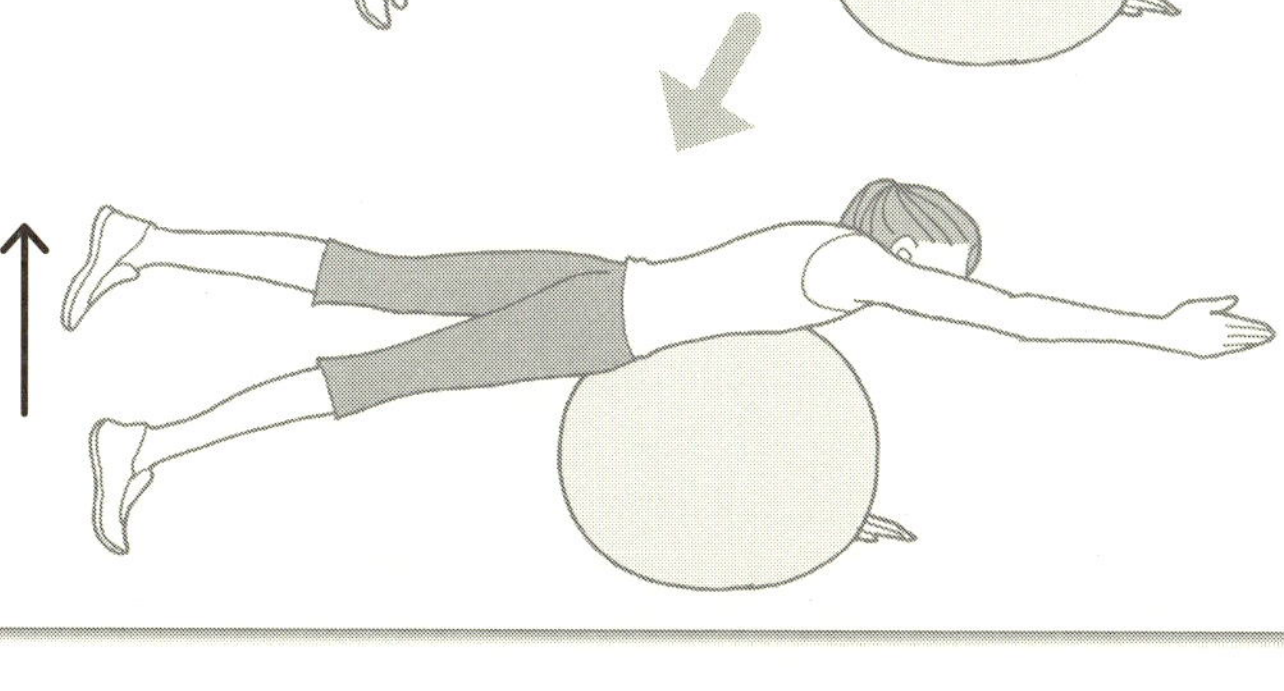

プッシュアップ

お腹の下にボールを置き腕立て伏せの体勢になってから、ボールがももの下にくるまで手で前進する。両肩の真下に手をつき、肘は伸ばしきらない。そこから息を吸いながら肘を90度になるまで曲げ、上半身をおろす。頭から背中を一直線にした状態で数秒間キープしたら、息を吐きながら肘を伸ばして元の位置に。お腹を引き上げ、脚も伸ばして行う。肩や腕を引き締めるほか、姿勢を美しくする。ボールが脚の先にいくほどきつくなる

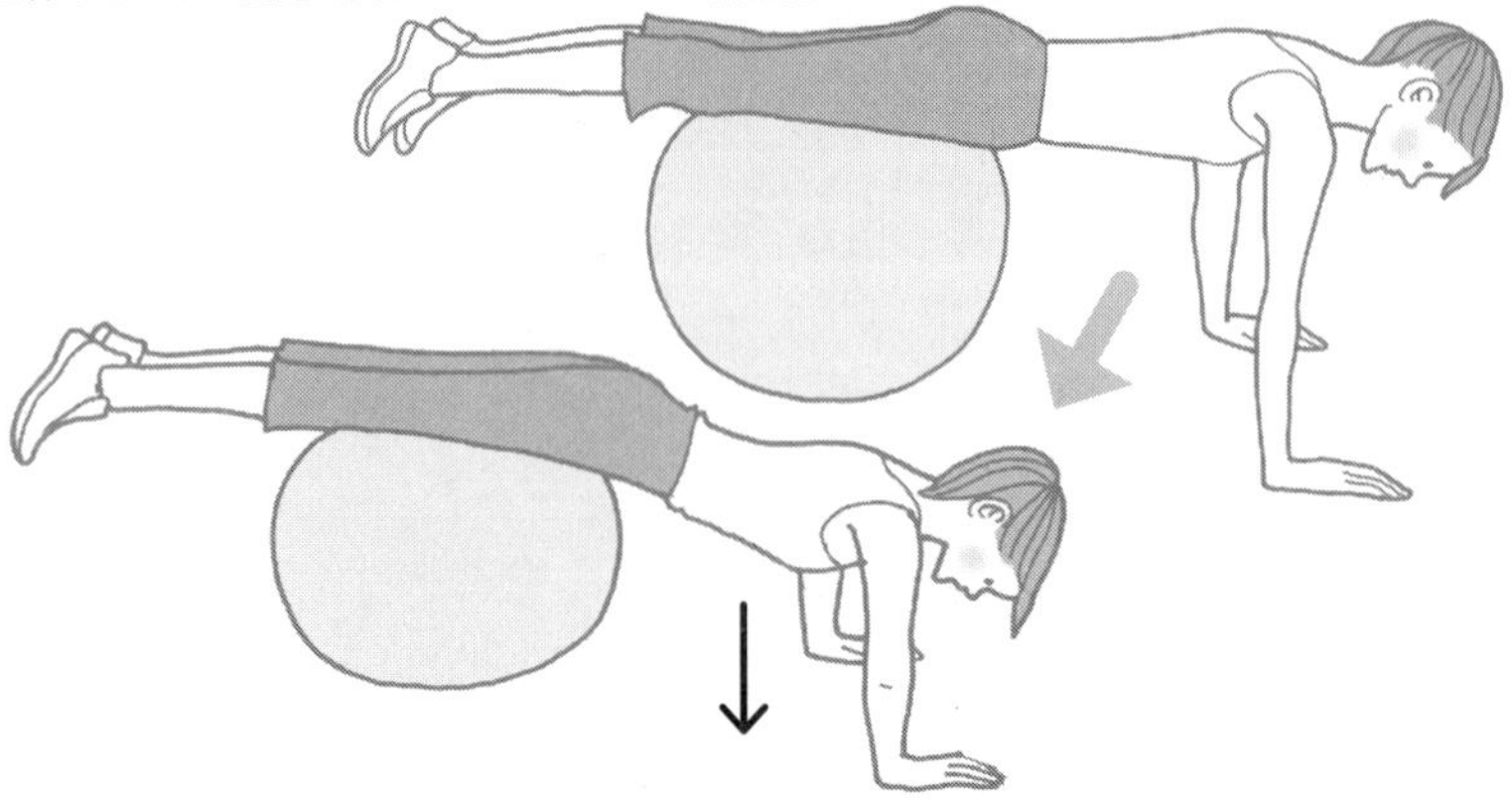

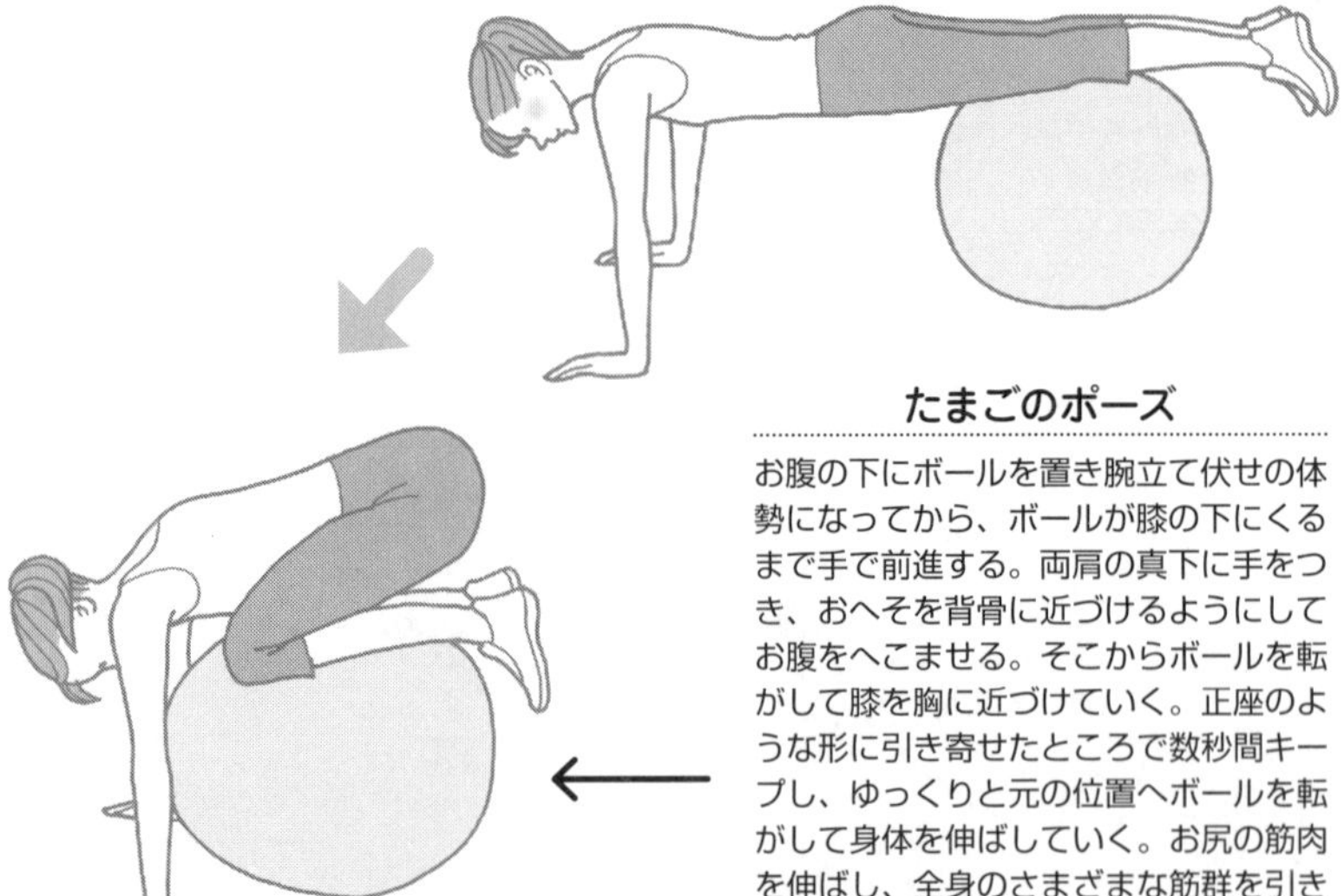

たまごのポーズ

お腹の下にボールを置き腕立て伏せの体勢になってから、ボールが膝の下にくるまで手で前進する。両肩の真下に手をつき、おへそを背骨に近づけるようにしてお腹をへこませる。そこからボールを転がして膝を胸に近づけていく。正座のような形に引き寄せたところで数秒間キープし、ゆっくりと元の位置へボールを転がして身体を伸ばしていく。お尻の筋肉を伸ばし、全身のさまざまな筋群を引き締めることができる

クランチ

腰部が安定する位置でボールに仰向けになる。両脚は肩幅と同じくらいに開き、膝よりも前につま先が出るように足をつき、身体を安定させる。両手を頭の左右に添えて、アゴを軽く引く。そこから、ゆっくりと上体を天井の方へもち上げるように起こして静止。数秒間キープしたあと、ゆっくりと上体を元の位置へ戻す。上体を起こすことよりも背骨を長く引き伸ばす意識で行う。腹直筋上部を中心に引き締められる

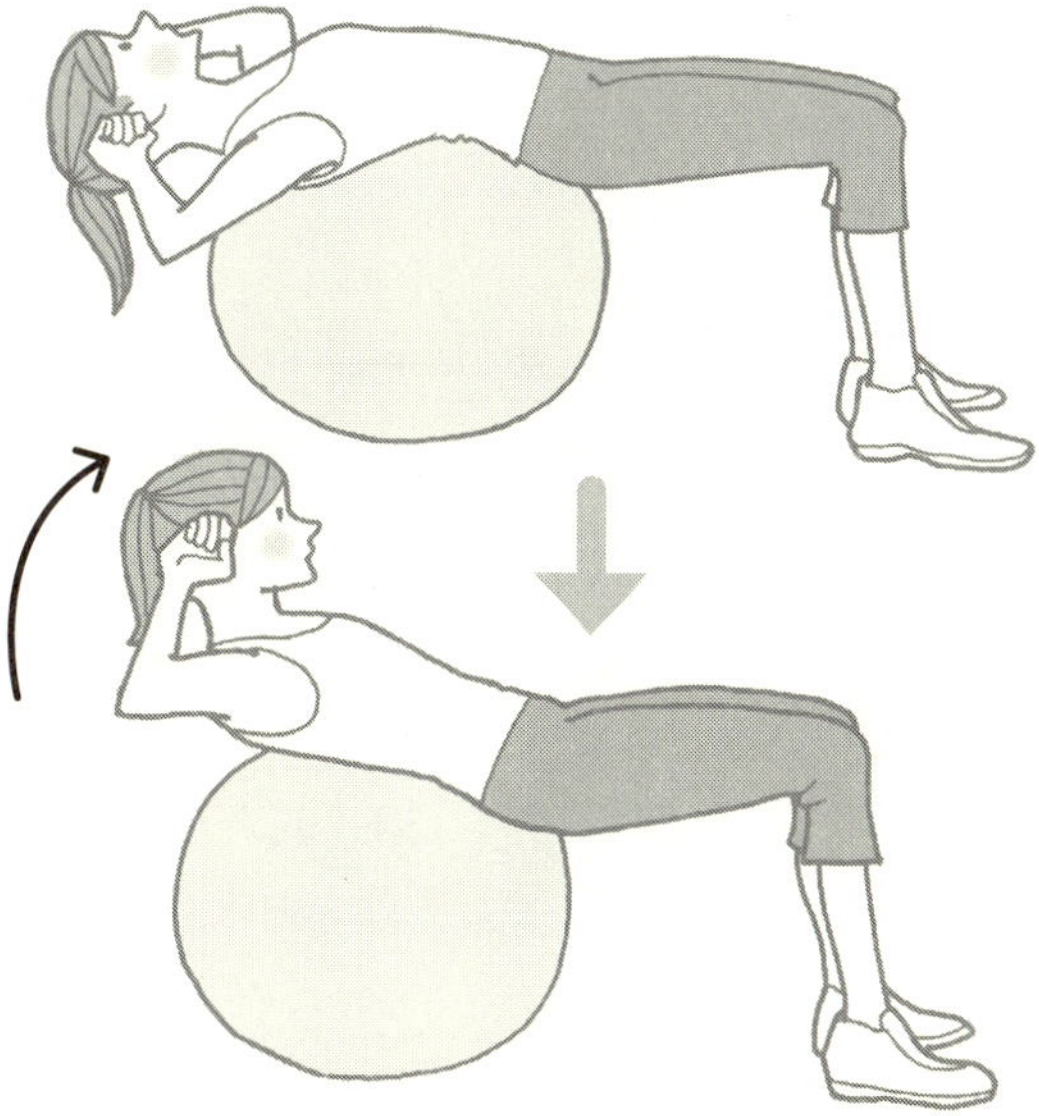

骨盤リフト

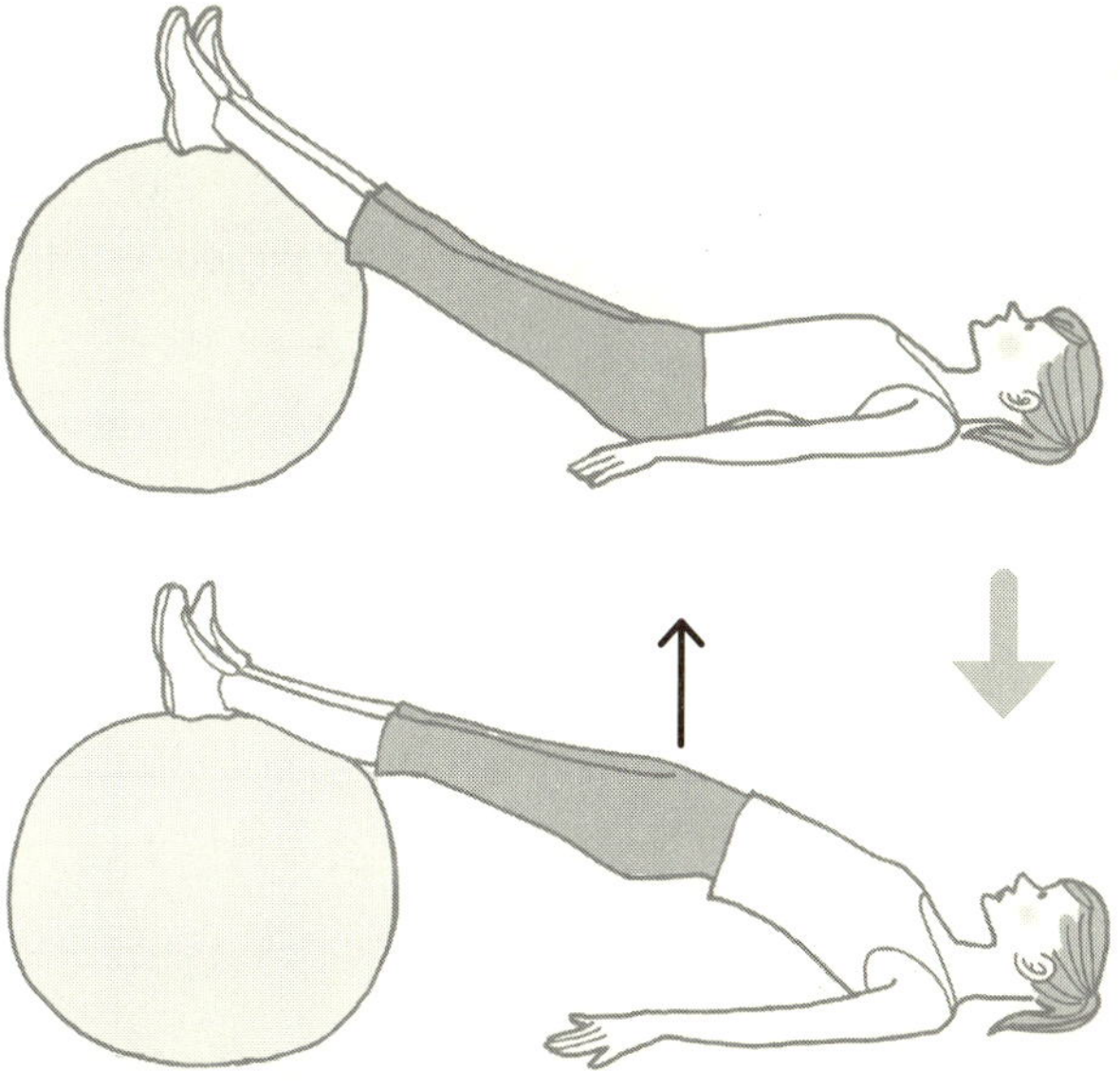

仰向けになり、かかととふくらはぎをボールにのせる。膝をロックさせないように脚を伸ばす。両腕は身体の脇に伸ばし、手のひらは床に。そこからかかとでボールを真下に押しながら、腰をゆっくりと浮かせていく。身体が一直線になったところで数秒間キープし、ゆっくりと元の位置へ戻す。お尻ともものの裏側の引き締めに効果がある

スクワット

壁と背中でボールを挟んで立ち、背中の真ん中から腰部にかかる位置にボールがくるようにする。両足を肩幅に開いて少し膝を曲げ、かかとは膝の真下に。常におへそでボールを壁に押し付ける意識をもつ。そこから、ゆっくりとボールを転がしながらスクワットを行う。ももと床が平行になるところまで膝を曲げたら、ゆっくりとスタートポジションに戻る。腰背部からお尻、ももの裏のラインを美しくするエクササイズ

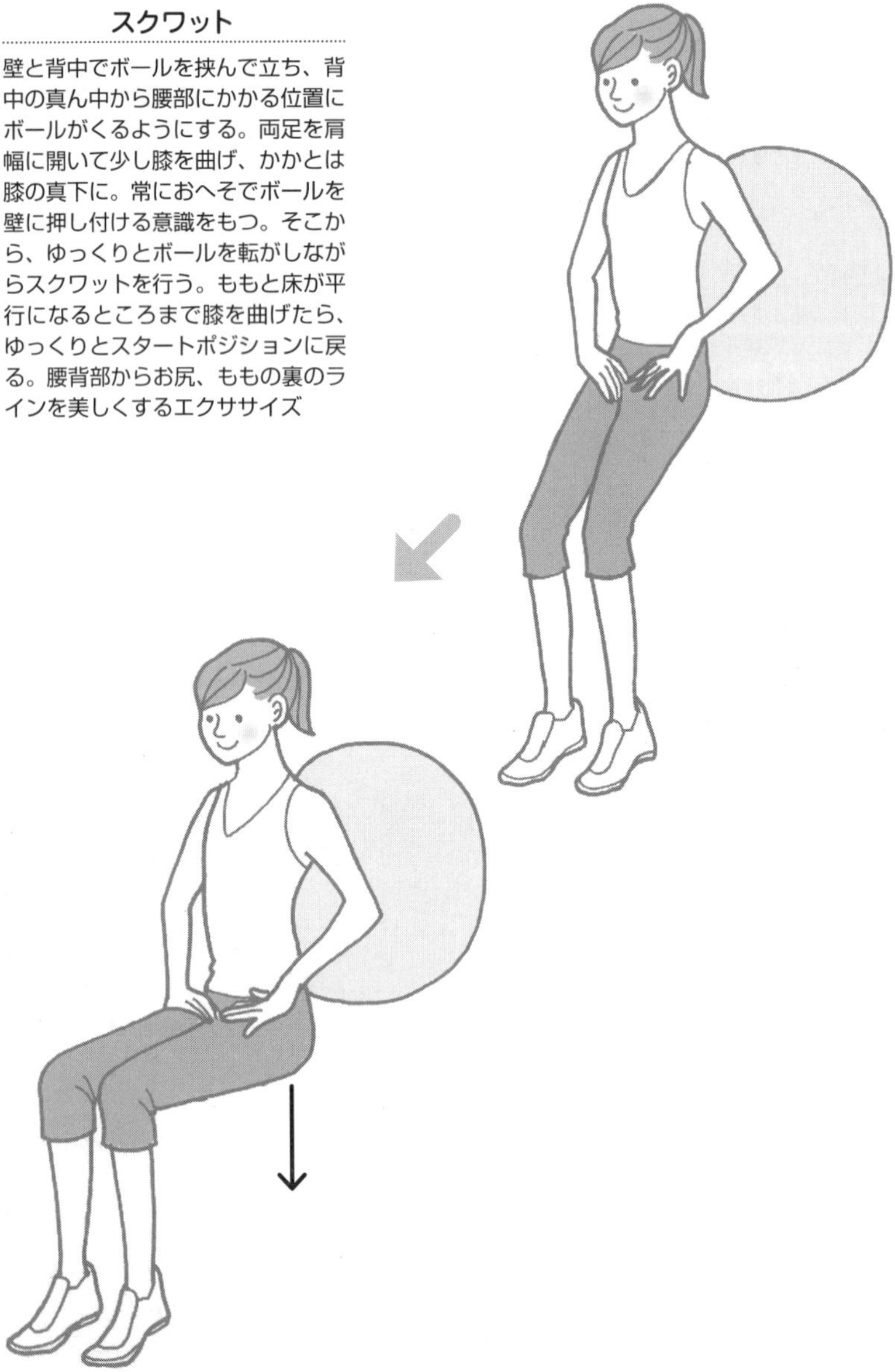

リラックス❶

ボールに座った姿勢から前に足を踏み出していき、頭がボールの上にのってリラックスできるポジションになるまで上体を倒していく。そこからボールに沿って垂れ下がるイメージでボールを後ろへ転がし、少し後ろへ歩く。身体の前側が大きく開いたと感じるところでとめ、そのままストレッチ。強ばった上半身を脱力させ、背中のマッサージができる

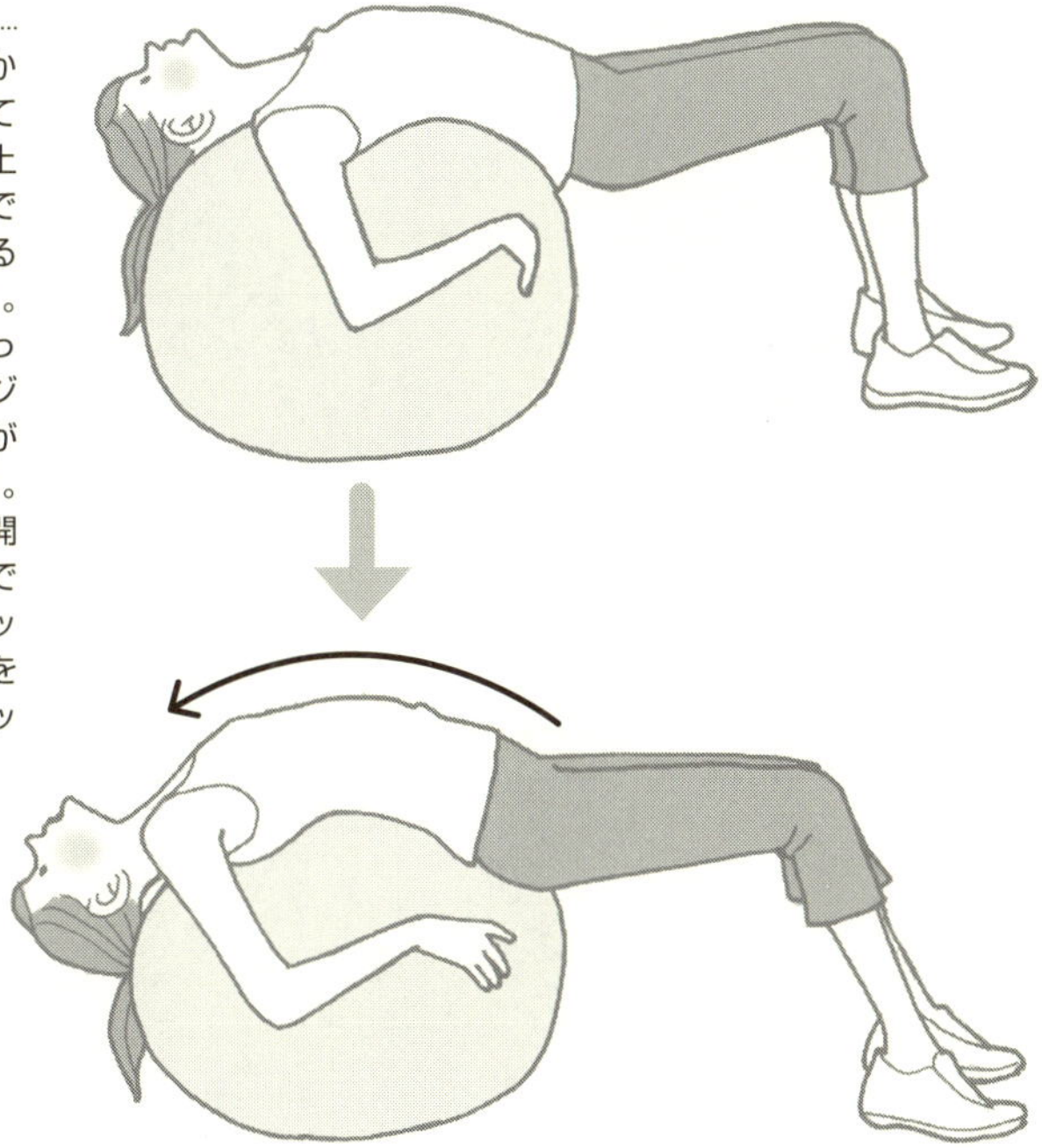

リラックス❷

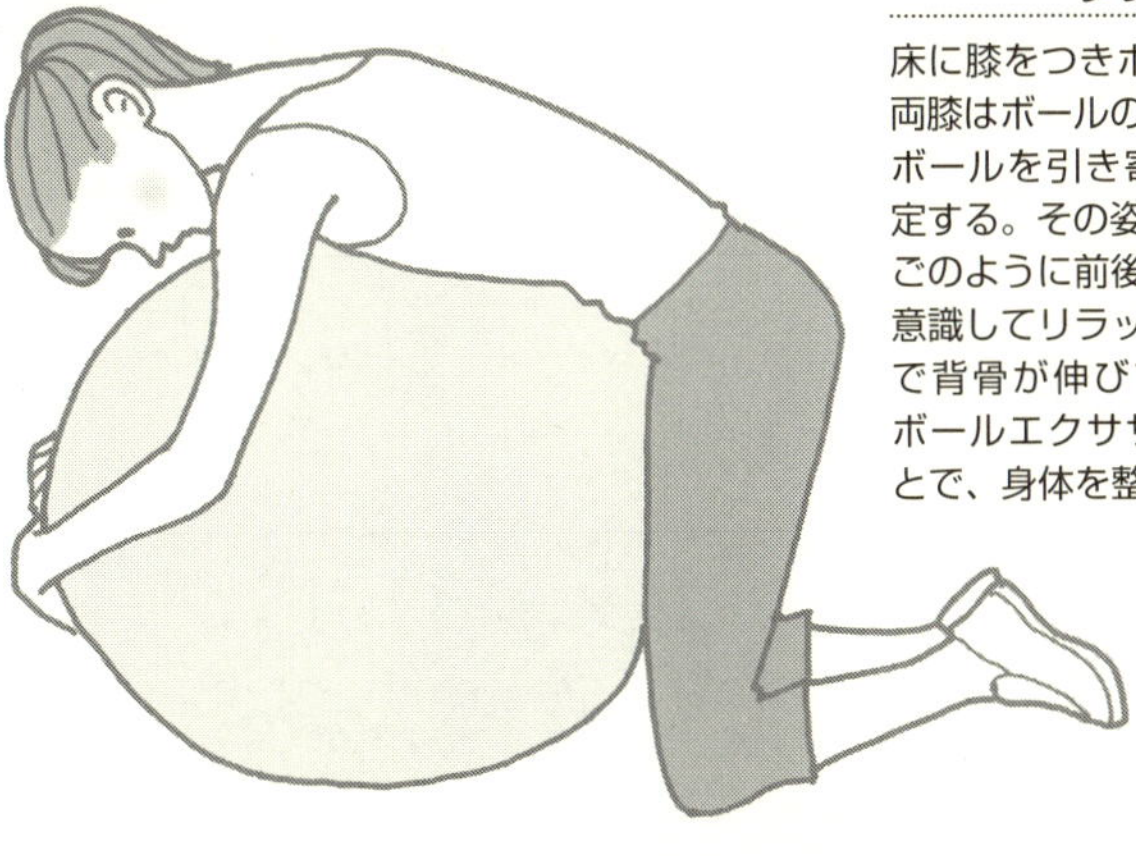

床に膝をつきボールに覆いかぶさる。両膝はボールのすぐ横に置き、両腕でボールを引き寄せるように抱くと安定する。その姿勢からボールをゆりかごのように前後に転がす。深い呼吸を意識してリラックスし、脱力することで背骨が伸びていることを感じる。ボールエクササイズの最後に行うことで、身体を整えることができる

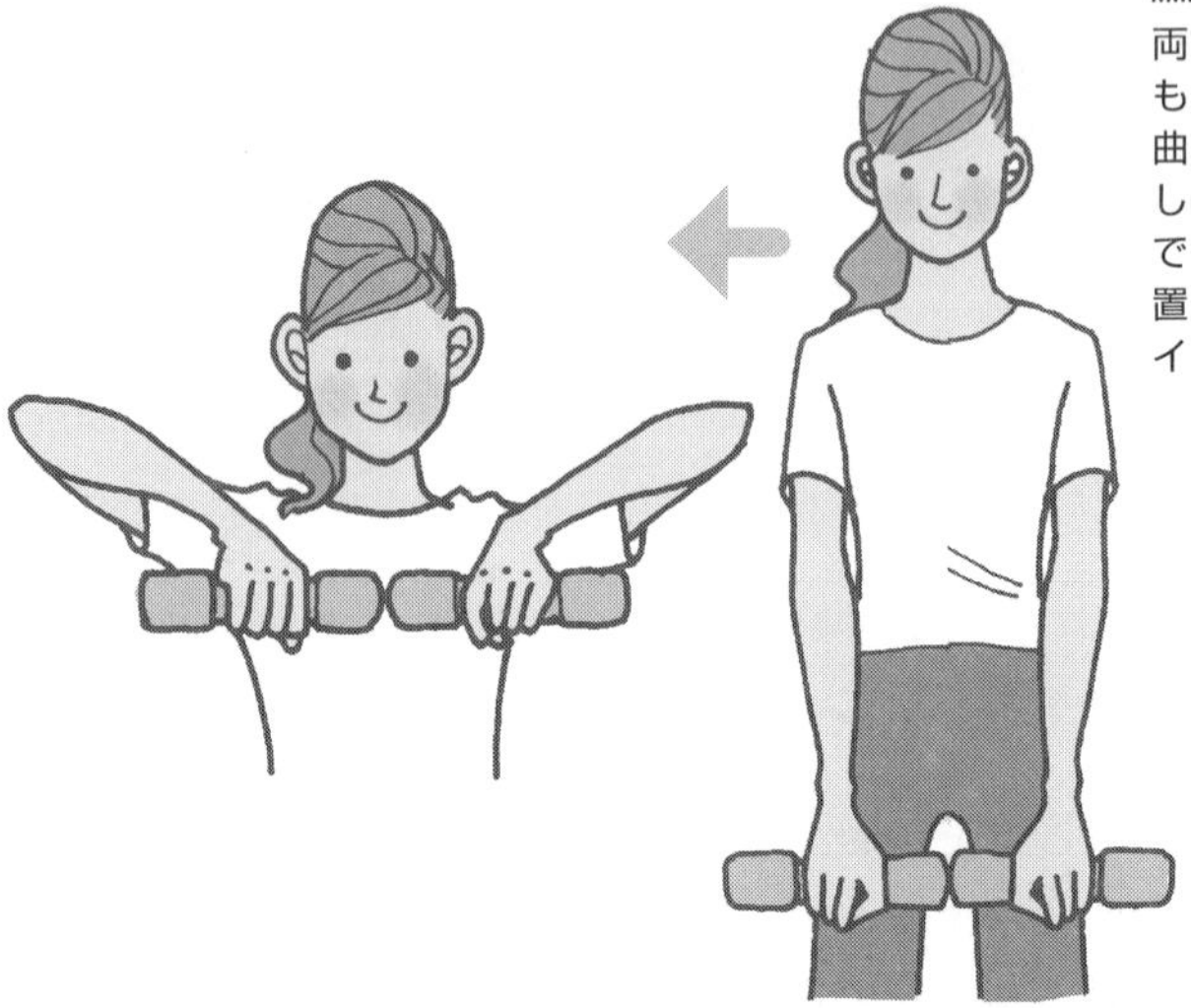

アップライトロー

両手にダンベルをもって立つ。両肘を曲げて肘が肩より少し高い位置にくるまで引き上げ、元の位置まで戻す。肩のラインをキレイにする

サイドレイズ

両手にダンベルをもち、身体の側面に置く。肘を少し曲げ、肩よりもやや高い位置までもち上げて元に戻す。ダンベルをもった手は、親指よりも小指側が高くなるように。僧帽筋と三頭筋のトレーニング。肩を引き締める

マシンバージョン
ショルダープレス

ベンチに深く腰掛け、背筋を伸ばす。胸をしっかりと開いた状態でバーを押し上げる

オーバーヘッドプレス

両手にダンベルをもち、肩の位置で肘を90度に曲げる。そこから両手を伸ばしてダンベルをもち上げ、元の位置に戻す。強度が高い場合は片手ずつ行う。肩を引き締め肩コリを予防する

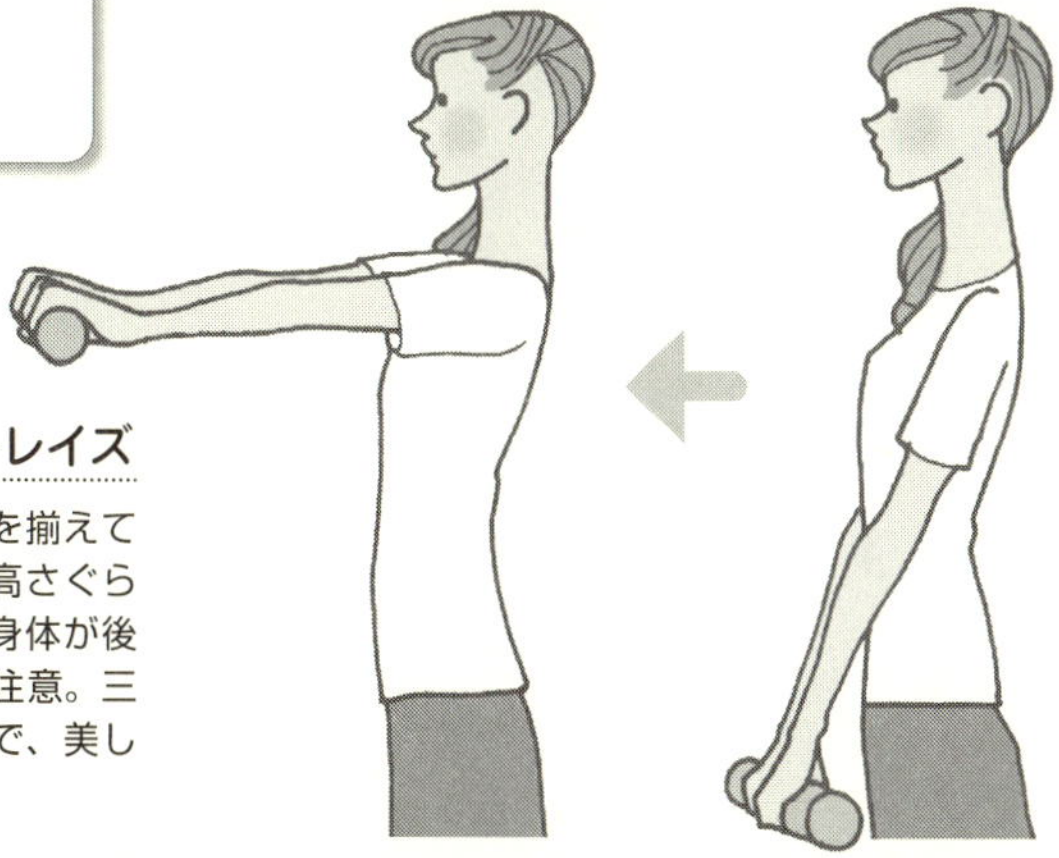

ダンベルフロントレイズ

身体の前でダンベルを揃えてもち、そのまま肩の高さぐらいまでもち上げる。身体が後ろに倒れないように注意。三角筋のトレーニングで、美しい肩をつくる

マシンバージョン アームエクステンション

パッドにのせた両肘をしっかりと固定させないと、トレーニング効果がダウンするので注意

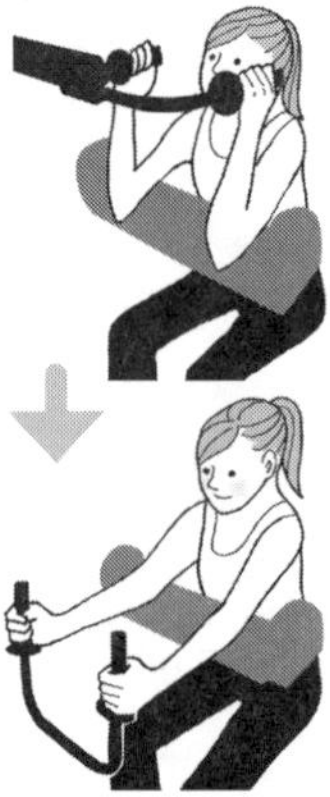

トライセップス キックバック

両脚を軽く開き、膝を曲げて前傾姿勢をとる。両手でダンベルをもち、肘をもち上げ90度に曲げる。そのまま肘の位置を変えずに腕を伸ばす。二の腕を引き締めるトレーニング

ローイング

両脚を開いて立ち、上体を前傾させる。

両手でダンベルをもち、肩甲骨を寄せるイメージで脇を締めダンベルを身体に引き寄せる。僧帽筋と広背筋のトレーニング。美しい背中をつくる

フレンチプレス

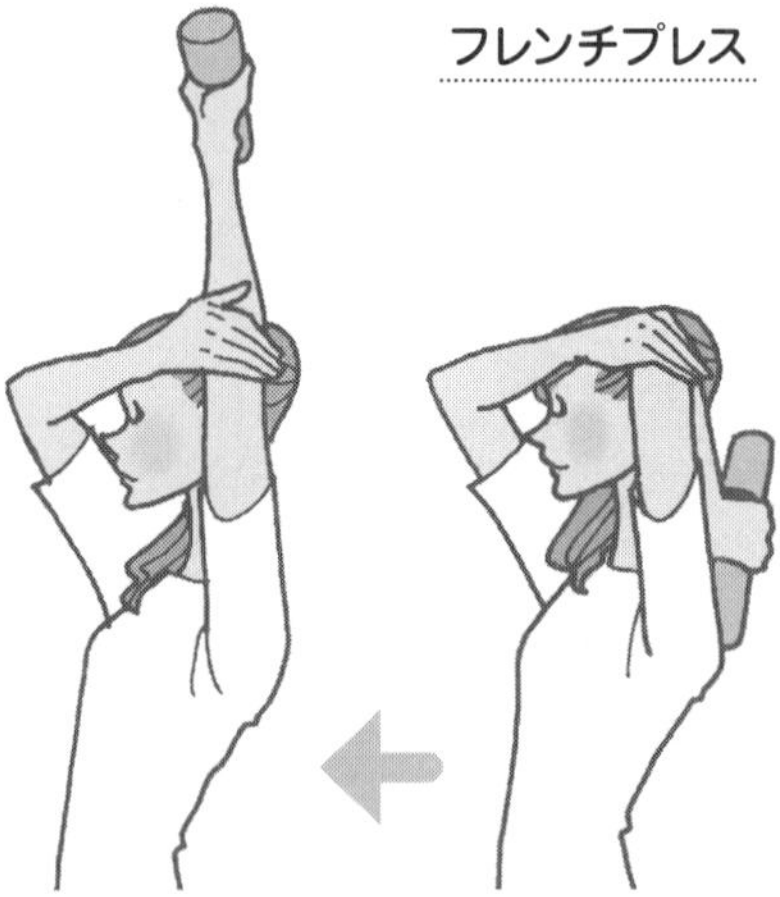

片手でダンベルをもち、肘を曲げて首の後ろに置く。もう一方の手で肘を固定し、そのままダンベルを押し上げて元に戻す。上腕三頭筋のトレーニングで二の腕を引き締める

マシンバージョン
アームカール

パッドにのせた肘をしっかり固定し、肘を軸にして前腕を引き上げることがポイント

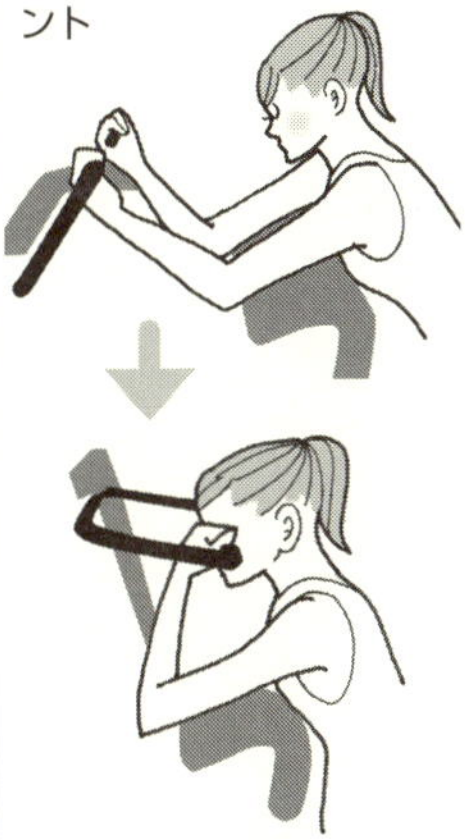

アームカール

両脚を肩幅に開き、ダンベルを両手にもって手の平を正面に向ける。そのまま力こぶを意識してダンベルをもち上げる。上腕二頭筋のトレーニング。ダンベルを下ろすときに肘を伸ばしきらないように注意。美しい腕をつくる

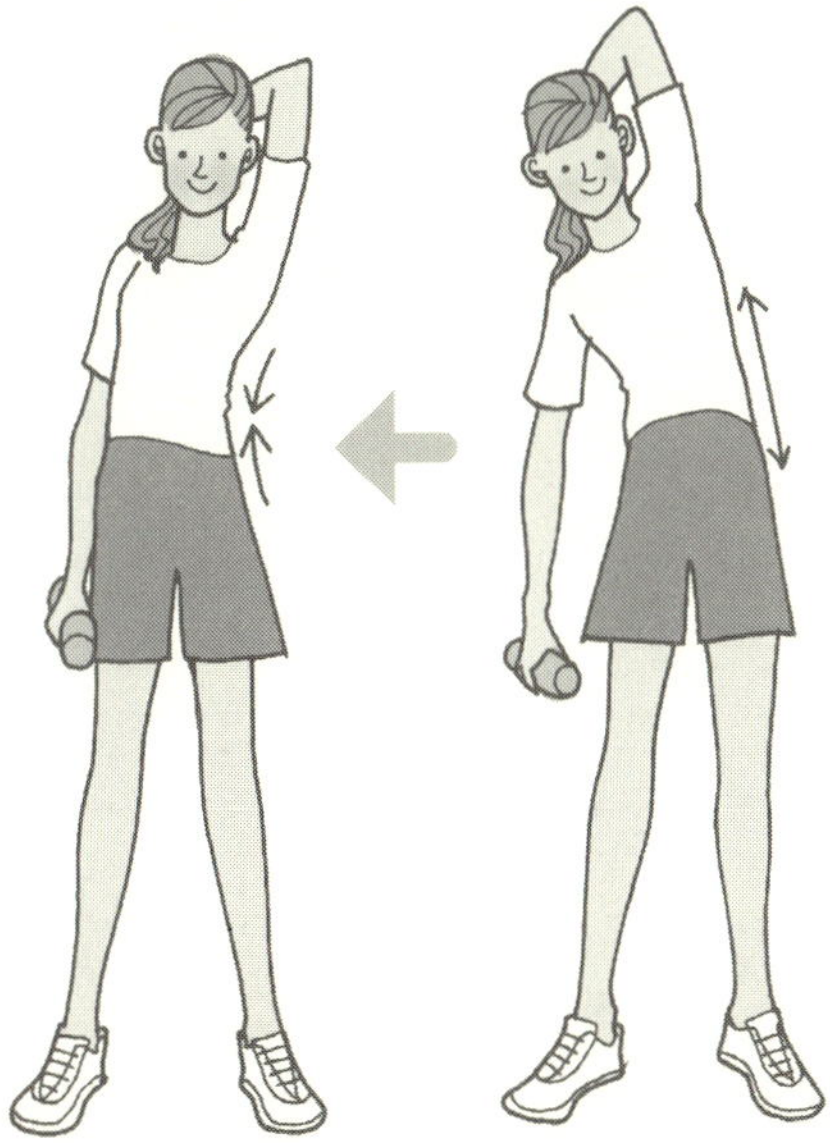

サイドベンド

両脚を開いて立ち、片手にダンベルをもち、もう片方の手を頭の後ろに置く。ダンベルをもった方に身体を倒し、元の位置に戻す。内・外腹斜筋のトレーニングで脇腹を引き締める

マシンバージョン
シーテッドロー

肘をロックしない程度に伸ばしたところで、パッドが胸にあたるように調節。バーを胸元までしっかりと引き寄せることがポイント

マシンバージョン クランチ

ベンチの角度を変えることで強度を調節できる

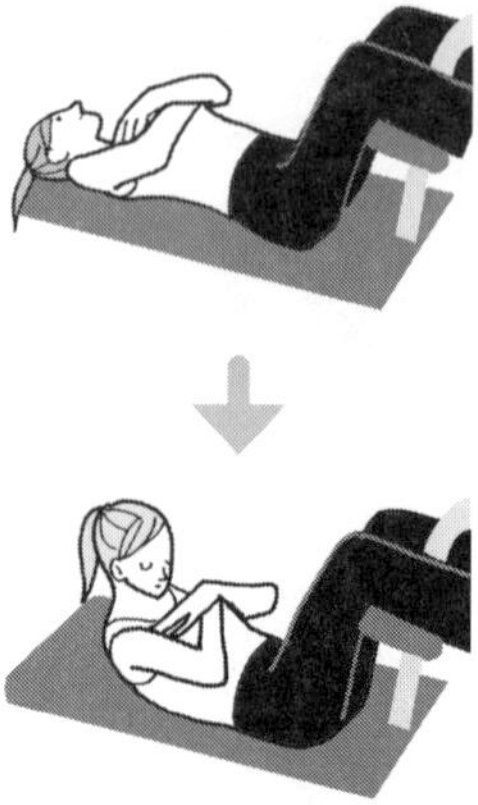

クランチ

仰向けに寝て、イスなどを利用して股関節と膝が90度になるようにする。両手は頭の後ろか胸の前、背骨を床から1つずつ離すイメージで丸める。腹直筋上部のトレーニングで、お腹を引き締める

リバースクランチ

仰向けに寝て、両手は身体の脇に置く。背中を床にしっかりつけたまま膝を曲げて脚をもち上げる。そのまま、お尻を床からゆっくり浮かして膝を胸に寄せる。腹直筋と大腰筋に効果的で、お腹を鍛える

マシンバージョン チェストプレス

スタートポジションでは、大胸筋の鍛えたい部位の高さにグリップの位置を調節。また、しっかりと胸を開いた状態からバーを押さないと効果がダウンするので注意

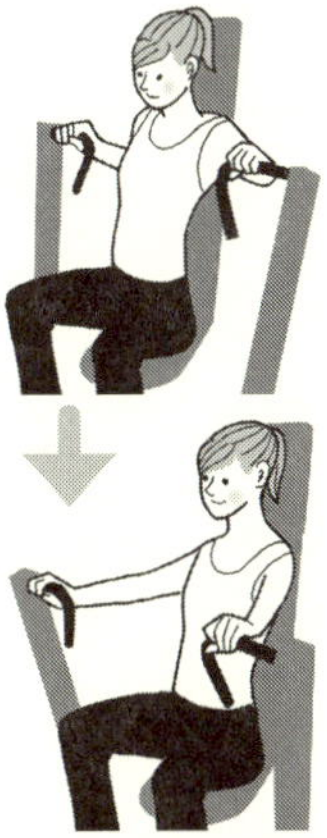

プッシュアップ

手を肩幅の1.5倍ぐらいに開き、腕立て伏せの姿勢をとる。脇が開かないように注意しながら、肘を曲げる。初心者は膝をついて強度を下げた状態から行おう。大胸筋と上腕三頭筋のトレーニングで、胸をきれいにする

デッドリフト

両脚を肩幅に開き、膝を軽く曲げる。両手にダンベルをもち、背筋を伸ばして胸を張ったまま身体を前に倒し、そして元の姿勢に戻る。。脊柱起立筋、僧帽筋のトレーニングで、おもに腰を鍛える

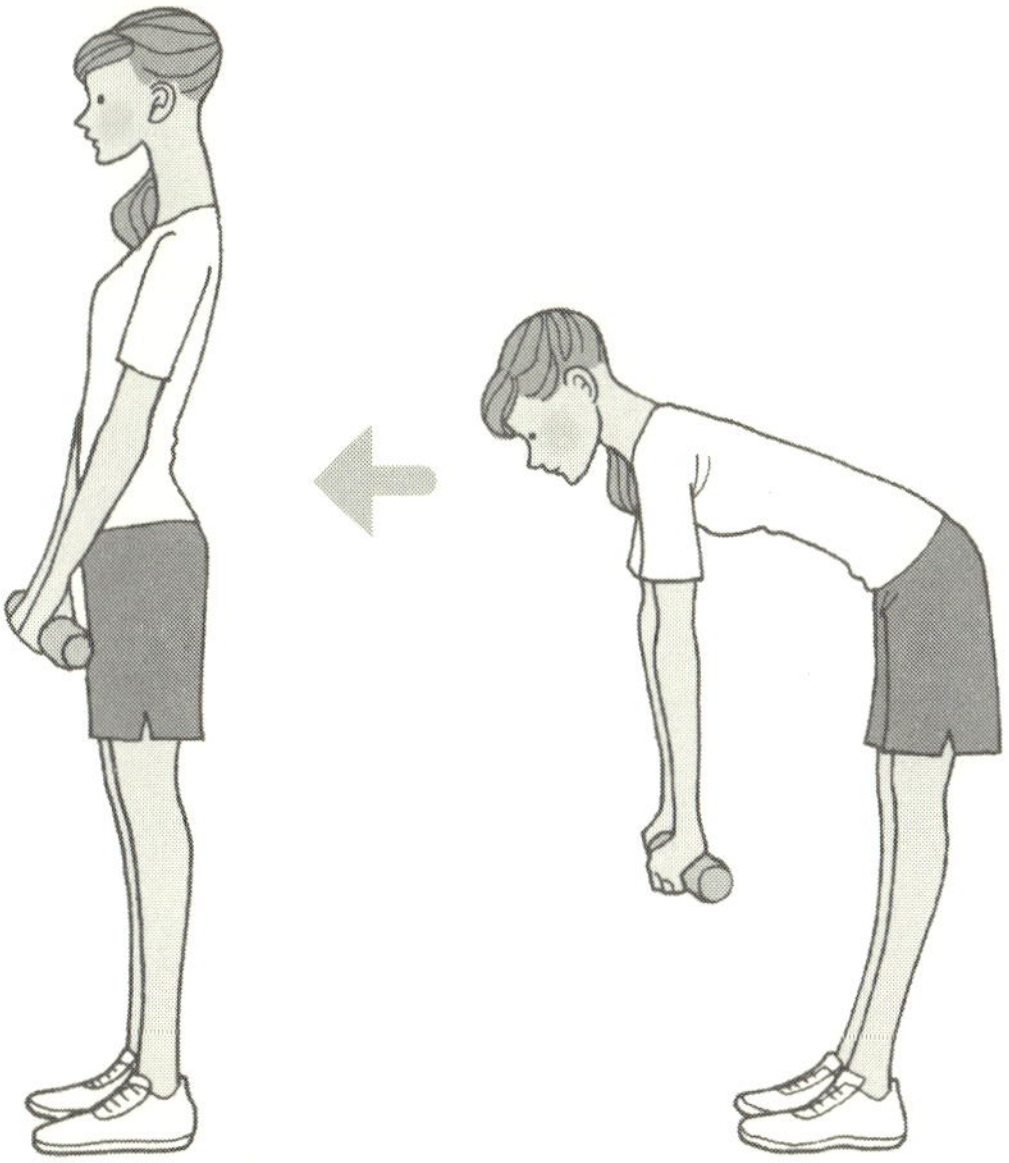

スクワット

脚を肩幅より広く開き、両手にダンベルをもつ。後ろにあるイスに腰掛けるようにお尻をつき出し、膝を曲げ、ゆっくり元に戻する。曲げた時に、つま先より前に膝が出ないように注意。大殿筋とハムストリングス、大腿四頭筋のトレーニング。お尻と太ももを美しくする

マシンバージョン
レッグプレス

スタートポジションでは、膝が90度になる位置で足の裏をボードにしっかりとつけることがポイント

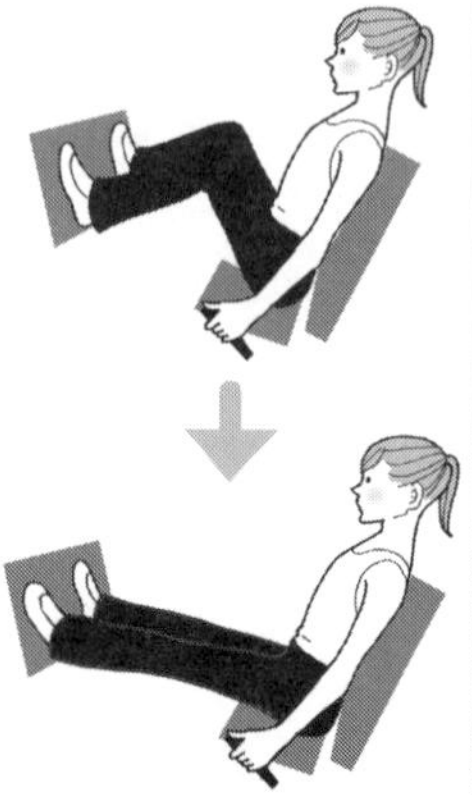

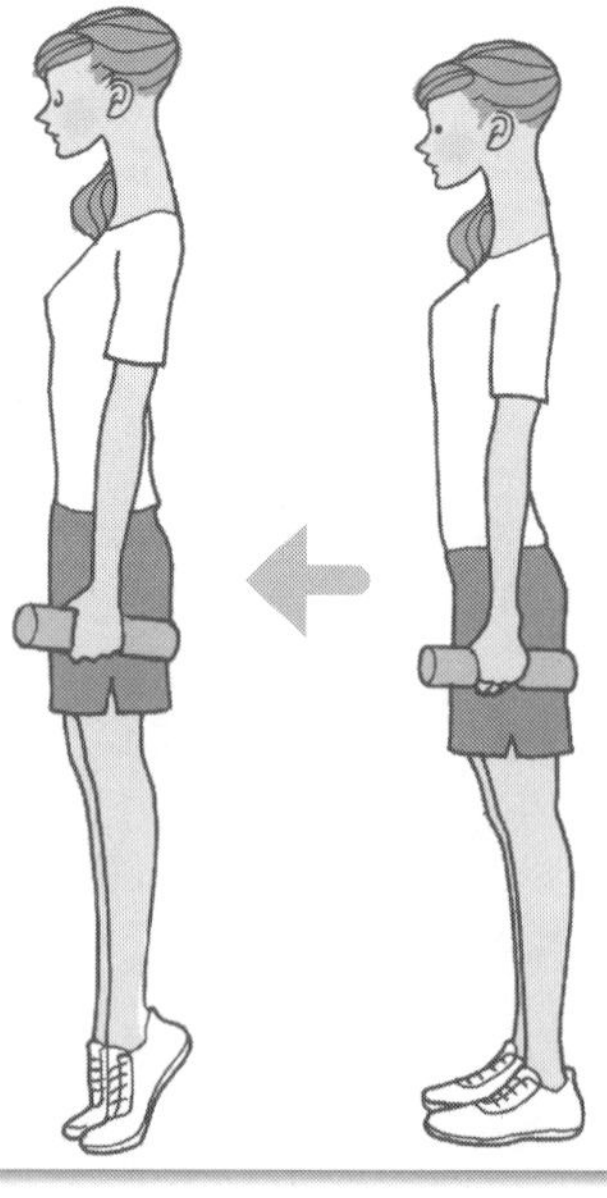

カーフレイズ

脚を肩幅に開き、膝を伸ばす。両手にダンベルをもって、かかとを浮かしてつま先立ちの状態に。腓腹筋とヒラメ筋のトレーニング。ふくらはぎを引き締める

マシンバージョン
カーフレイズ

ボードからかかとを外しておき、膝を伸ばした状態で行うことがポイント

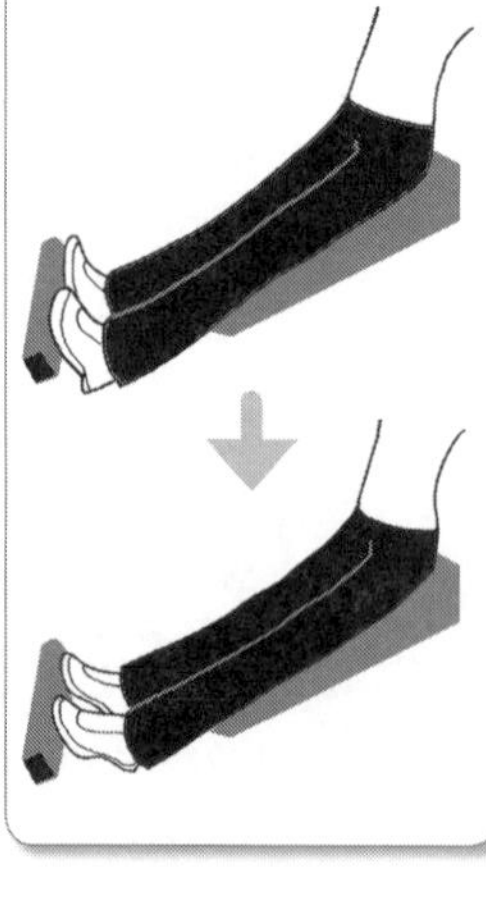

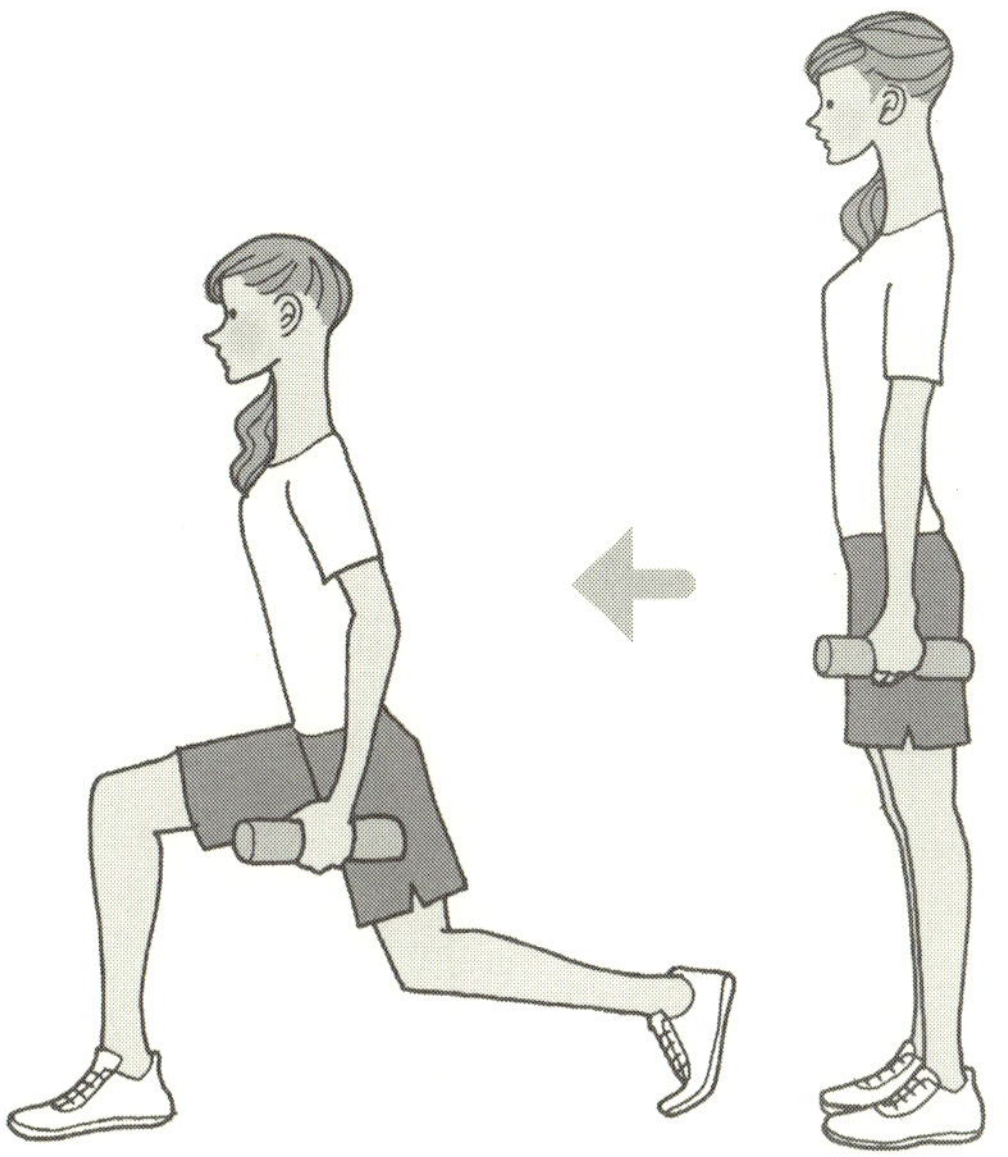

フォワードランジ

両手にダンベルをもち、脚を揃えて立つ。片脚を前に大きく1歩踏み出し、膝の角度が90度になるまで膝を曲げる。足の裏で床を押すようにして元に戻る。大殿筋、ハムストリングス、大腿四頭筋のトレーニング。お尻から脚を引き締める

ヒップエクステンション

床に膝と肘をつき、背中をまっすぐに伸ばす。膝の角度を90度に保ったまま、かかとで天井を押すように脚をもち上げる。大殿筋とハムストリングスのトレーニング。ヒップアップに効果的

ラットプルダウン

背中の筋肉を引き締め、美しい姿勢をつくるトレーニング。肩幅よりも広めにバーを握り、太ももをしっかりと固定させる。背骨のアーチをしっかりつくり、やや後ろに傾けた姿勢からスタート。左右の肩甲骨を寄せながら胸を張り、バーをあごの下まで引き下げる。バーを戻すときはゆっくりと行い、反動で身体が浮いてしまわないようにする

バックエクステンション

お尻から腰背部を鍛え、姿勢改善や腰痛予防にもなるトレーニング。ベンチにうつぶせになり、膝と腰を固定する。背中を真っ直ぐにし、胸を張って上体を下げた姿勢からスタート。身体が一直線になるところまで上体を起こす。腰を痛めてしまうため、決して反動をつけて行わない、背中を丸めないことに注意

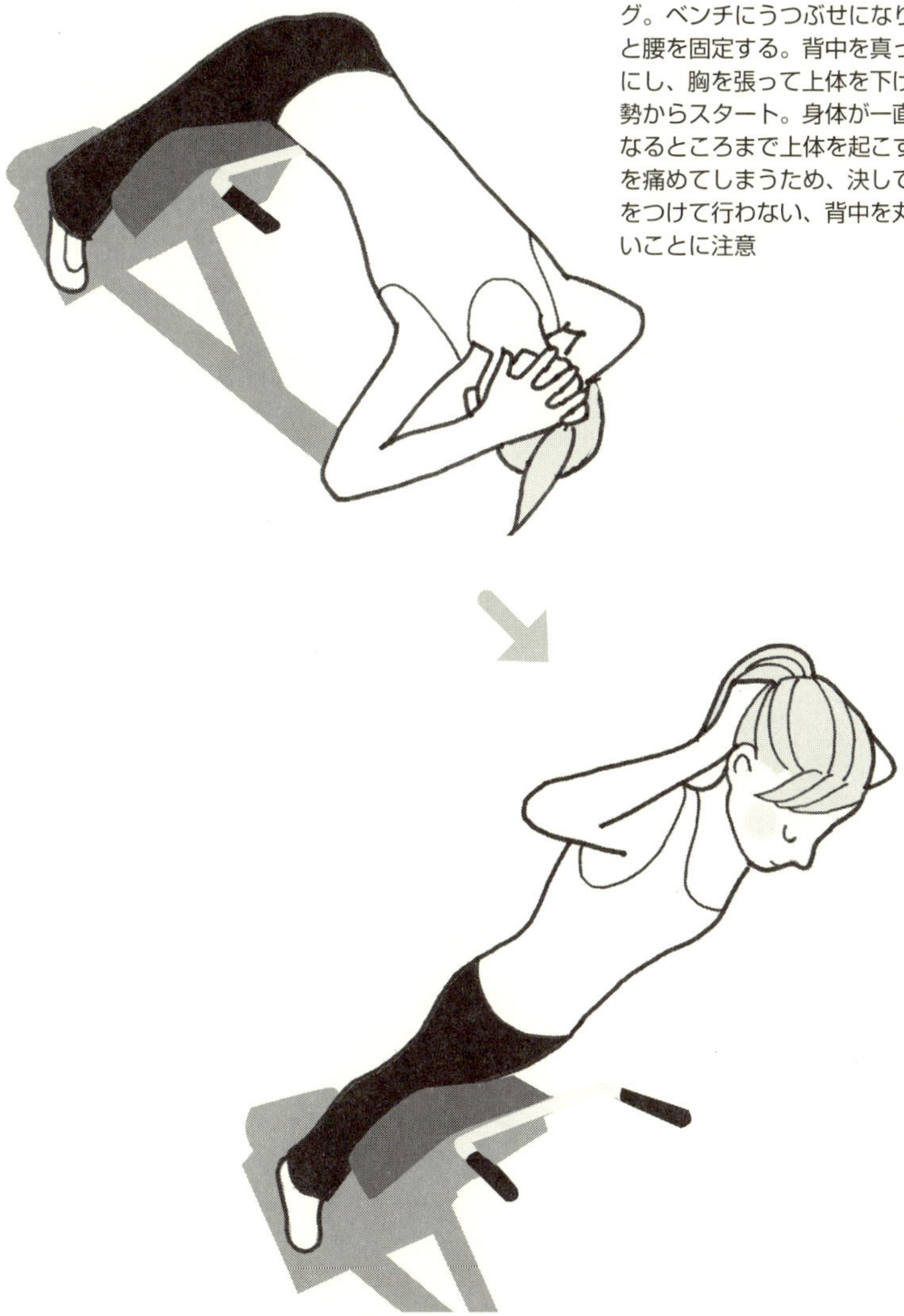

ヒップアダクター

太ももの内側を引き締め、脚のラインを整えるトレーニング。ベンチに座って両脚を開き、膝の内側にパッドをあてた姿勢からスタート。向けて膝を身体の正面にゆっくりと閉じ、ゆっくりと戻すことを繰り返す

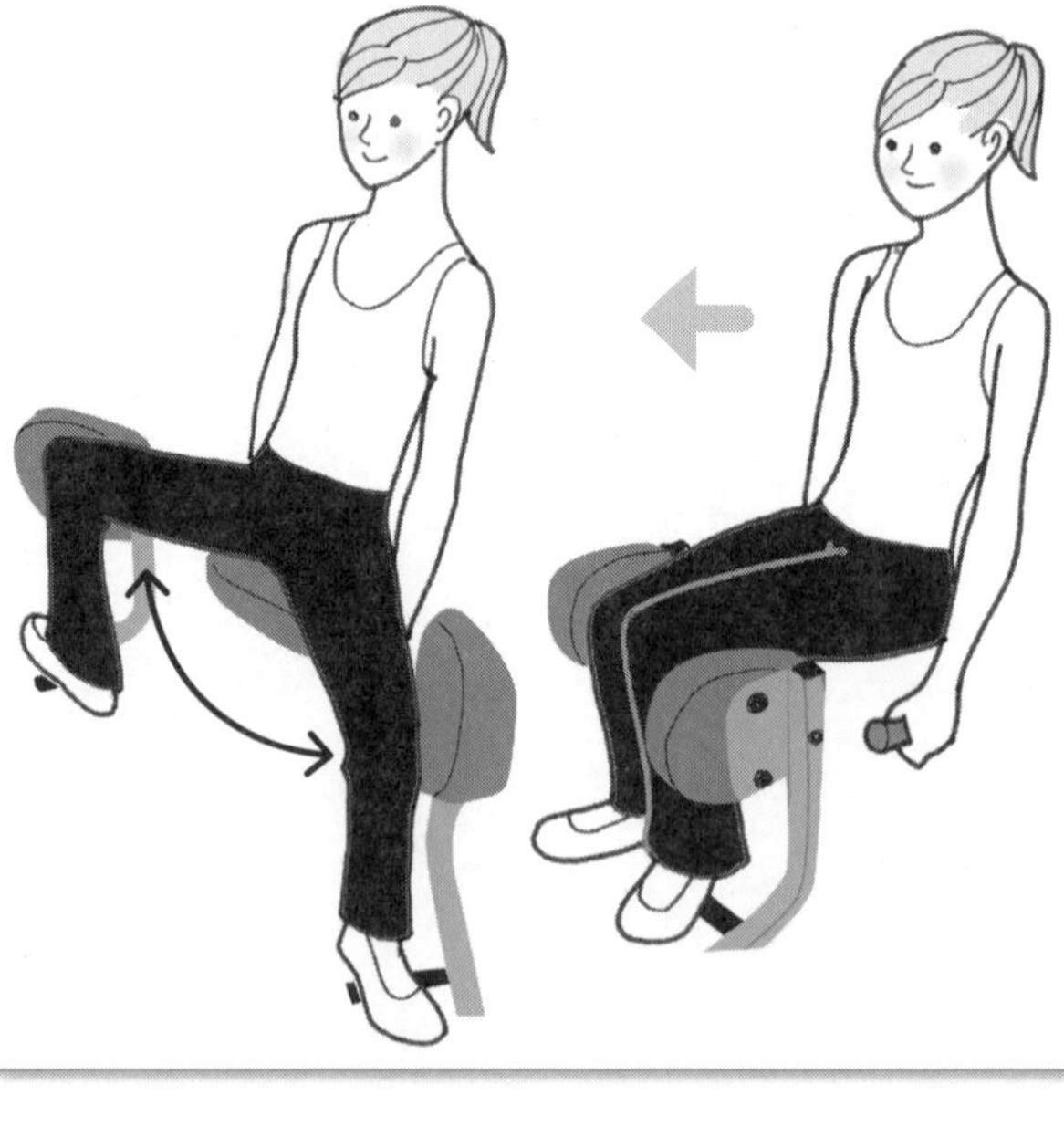

ヒップ
アブダクター

太ももの外側とお尻の筋肉を引き締め、脚のラインを整えるトレーニング。ベンチに座って両膝を揃え、その外側にパッドをあてた姿勢からスタート。膝をゆっくりと開き、ゆっくりと戻すことを繰り返す

レッグカール

太ももの裏側を引き締めるトレーニング。かかとより上の部分にパッドがあたるように足をのせ、膝を固定した姿勢からスタート。下肢を巻きこむように膝の曲げ伸ばしを繰り返す。曲げるときも戻すときも反動をつけずにゆっくりと行うこと、曲げるときに膝が浮かないようにすることがポイント

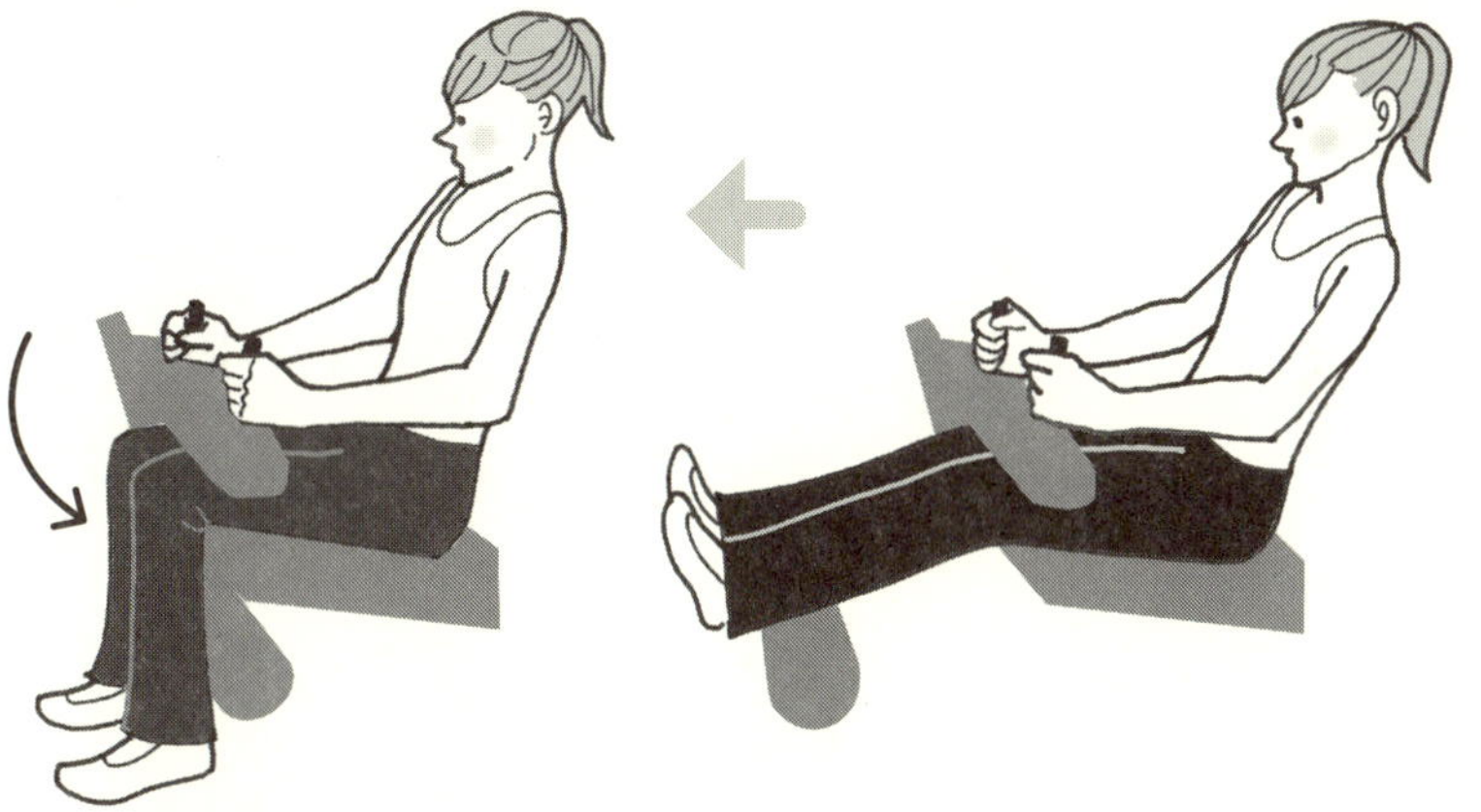

レッグ エクステンション

太ももの表側を引き締め、膝のまわりの筋肉を強化するトレーニング。ベンチに座り、膝を曲げてパッドの下に足をあてて固定する。脇にあるグリップをしっかりと握った姿勢からスタート。ゆっくりとパッドを押し上げて戻す。これを繰り返し行う。戻すときも力を抜かずに負荷を感じながらゆっくり行うことがポイント

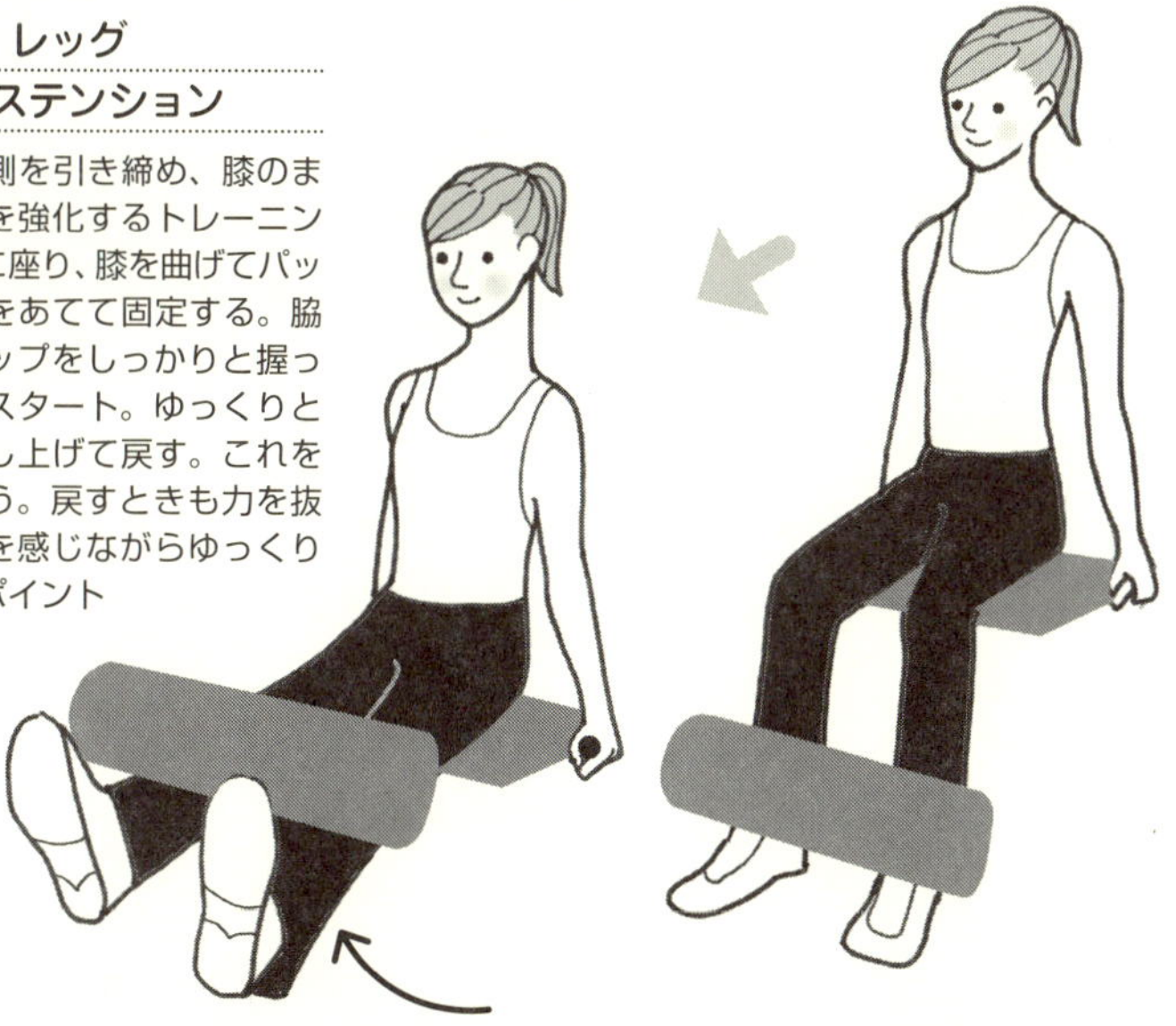

第六章

体重が減った、体脂肪が落ちた学生の身体に大変化

栄養と運動の合わせ技で、ダイエットの具体的な方法を紹介しましたが、どうだったでしょうか？　大学の授業では学生たちには座学だけでなくマシンやダンベルを用いたトレーニングをしたり、バランスボールに乗ったり、西池袋界隈《かいわい》を歩くウォーキングなどの実技も体験してもらいました。

するとダイエットフィットネスに興味をもってくれたのか、自主的にトレーニングをしたり、食事を見直しはじめた学生が出てきました。やがて、数人の学生たちの身体に変化が起きてきました。「引き締まってきた」のです。これは学んだ知識を元に、日常生活でも「ダイエットフィットネス」を実践してみた賜物です。

以下に、変化があったというリポートを紹介しましょう。文章は読みやすいように修正してあります。

ケース 1

飲み会に行っても体重が増えない

私は部活をしていて、定期的に運動をしている点では十分だと感じていました。なので、食生活をどう改善していくかに興味を感じました。

この授業のなかで1日の生活を書いてくる課題をやってみて、自分の生活を改めて考え直し、正していくきっかけとなりました。朝食を摂ることや30品目食べることを意識してみると、多少飲み会があっても体重が増えることはほとんどなく、さらに体脂肪を減らすことができました。

（男性）

ケース 2

適度な運動がよいことを実感

中学・高校はバスと電車通学で、運動は学校での体育だけだったのですが、大学は自転車と電車を利用しています。はじめは疲れるだろうと思ったのですが、通学時間はさほど変わらないのに自転車を使っている方が身体が軽くなった感じがしました。適度な運動は身体によいというのは本当なのだと実感しました。

（女性）

ケース3

体脂肪率が6%ダウンしました

私にとって「正しく」なおかつ「自分自身に合った」という2つを満たすダイエット法を、授業のなかから選ぶとすれば、これまで私がしてきたようなダイエット方法「食事の量の制限」ではなく、「食事の種類の制限」であると思います。私は普段からかなり偏食なので、インスタント食品やジャンクフードなどをやめて、肉や油物をやめるまではいかなくても、これまでより量を減らすようにしました。

そして、これまであまり食べることのなかった乳製品や野菜など私に不足していると思われる、もしくはダイエットに有効であると思われるような栄養を摂るように心掛けました。

このことを授業を受け始めてから気をつけてきたら、当初30%近くあった体脂肪率が今では24%にまで落ちました。体重に関しては1〜2kgしか落ちていないものの、外見的にはムダな肉がずいぶんなくなったように感じています。

（女性）

ケース 4

トレーニングをスタート!

授業で配布された食生活を記録するプリントに記入していて、自分の生活を反省することができました。最近では筋トレも始めました。

（女性）

ケース 5

ダイエットの結果は予想以上でした

私がこの授業を受けた目的は、ずばり「ダイエット」でした。大学に入り、スポーツ系のサークルにも参加していなかった私は、外食の増加、運動不足などの原因から2kgも太りました。

とりあえず、体重を減らすなら絶食などですぐできますが、やはり筋力のバランスも悪くなるし、運動する生活に自分を追い込みたいと思い、この授業を受けることにしました。

その結果は予想以上でした。毎日の食生活、生活リズムなどを気にするようになったことで体重も戻り、筋肉もバランスよくついたと感じます。これからも毎日の生活を意識的に過ごしていこうと思います。ストレッチも毎日やろうと思います!!

（女性）

ケース6

規則正しい生活は疲れない

食生活だけでなく、生活においても偏りをなくすべきだ、ということもわかりました。授業内で「毎日決まった時間に起きるとよい」といわれて実践してみたところ、疲れにくくなったのです。それまでの私は1限のある日は6時起き、3限からの日は11時起き、休日は13時……というように起床時間が異なっていました。

起床が遅くなったからといって、その分疲れがとれるわけでもなく、毎日ボーッと過ごしていたように思います。やはり定められた時間で疲れをとり、定められた食事もし、定められた運動をこなすことが最善なのではないでしょうか。

（女性）

ケース7

お腹が前よりひっこんだ!?

今は「正しいダイエット」が少しずつですができている気がします。実際に実行していることは食事のときは先に野菜を食べる（炭水化物の吸収を抑えるため）、便秘解消のためのにがりの摂取、往復約1時間のウォーキング、腹筋、サプリメントの摂取です。

にがりは食欲も抑えられている気がします。ウォーキングは始めてから1カ月になりますが、パンツがきつくなくなってきたように思います。2カ月目の腹筋では、お腹の出方が前ほどではなくなってきたようです。回数を増やし、半信半疑で買ったリフトアップボディジェルでマッサージしつつ、あと1カ月でどれだけ脂肪を減らせるかやってみようと思います。アルバイトを始めたことによって、夕食の量が減ったことも少しやせた要因だと思います。甘いものは絶対食べないなど、自分を追い込んでいないのもコツコツ続いている理由のようです。

（女性）

ケース 8

食事の前に大好きなもの

私の場合、食べることが好きなので「食べないダイエット」はストレスにしかなりません。しかし、食事の前に大好きなヨーグルトを食べることを習慣にした結果、食事の量を減らしても満腹感を得ることができました。

（女性）

ケース9

3食をそれぞれ改善する

朝●野菜、米、タンパク質、脂質、どれも摂れている
※最近はヨーグルトにフルーツを入れて食べるようにしている

昼●コンビニや食堂を利用
※昼食は偏りがちになってしまうので、自分で足りないものを考えてサラダや野菜ジュース、ヨーグルトなど手軽なもので補っていきたい

夜●家で食べる場合はいろいろなものを少しずつ食べるのでよいと思う
※外食になると栄養素的に不足するものが出てしまうので、頻繁にならないようにしてきちんと食べようと思う

（女性）

ケース10

家計簿をつけはじめた

今の私の生活で、朝・昼・夜を定められた時間に食べるのは困難なのですが、できるだけバランスよくします！　食べ過ぎにも気をつけます！　最近家計簿をつけるとともに食べたものもチェックしています。

（女性）

ケース
11

夜中の暴食が改善

私はこの授業を受講する前、ときどき夜中に暴食することがありました。しかし、少し我慢して回数を減らしていくと、体調がだんだんよくなってきたように感じています。今は夜中に暴食してしまうこともほとんどなくなりました。（女性）

ケース
12

数値とグラフに説得力を感じた

とくに印象的だったのは、有酸素運動と糖質・脂肪の消費量のグラフでした。理学部で学んできたためか、具体的な数値やグラフを示されると、とても説得力を感じます。その後のトレーニングでも無理に負荷をかけるより、脈拍数を確認しながら、適切な運動量を心掛けるようになりました。普段の生活でも、こうしたことを意識するようになり、運動量を気にするようになりました。（男性）

ケース13

運動とのバランスで食事のタイミングにも気をつける

高校生のころは運動をしていなかったため入学時より6kgも太ってしまったのですが、大学でラクロスを始めてから3kgやせました。ただ、授業を受けるまでは食事のことは一切気にせず、食べたいときに食べたいものを、食べたいだけ、食べていました。

授業で栄養について学んだことで、バランスよい食事について考えさせられ、今では偏った食事ができなくなりました。

また、行動記録をつけたことで、食事のタイミングを見直す機会ができました。これまでは朝の練習後に朝食を摂っていたので昼食との間隔が短かったのですが、今はなるべく練習前に朝食を摂るようにしています。しかし、睡眠不足だと朝食が食べられないので、朝練の前日は22時には就寝する生活をしています。

この授業はとても勉強になることが多く、楽しかったです。先生の体験談（サッカーワールドカップや他のアスリートの栄養指導例）をもっと聞きたかったです。サッカーの戦術はラクロスの戦術の参考になります。

（女性）

アスリートはすでにたくさん運動していますので、運動の効果を引き出すように栄養指導を行います。彼らは「勝つ」「強くなる」という目的意識が高いので、栄養にも熱心に取り組みます。

むしろ一般人の方が、強い目的意識もなく、運動は面倒くさいし、食べることは好きにさせてほしいということで、改善するのが難しいのかもしれませんね。

★★★★★

第七章

氾濫する情報に惑わされないように

賢いサプリメントの利用方法

規則正しい食事で、栄養素をバランスよく摂る。当然のことだと思うかもしれませんが、これがダイエットやフィットネスの基本です。必要な栄養素の摂取不足が原因で、体調が優れなかったり、ダイエットがうまくいかなくなることもあります。でも、バランスのよい食事を3食摂るというのは、なかなか難しいものです。

このようなとき、サプリメントは手軽に摂れて、食事で不足した栄養素を補える便利なアイテムです。しかし、やみくもに摂取するだけでは効果はあらわれません。食事を摂らずにサプリメントだけを摂取するのは、全身をみないでつま先だけを気にしているようなもの。サプリメントはあくまでも補助食品。基盤となる食事を摂らなければ活用できません。自分に不足しがちな栄養素を知って、サプリメントを賢く活用しましょう。

基本の食事

食事の基本は下の5つの要素が揃うこと。毎食摂るのは難しくても、できるだけこれに近い形を目指しましょう。

主菜（おかず）
肉、魚、卵、豆腐など。サプリメントで補うならプロテイン。

果物
キウイ、オレンジ、りんごなど。

牛乳・乳製品
牛乳、ヨーグルト、チーズなど。サプリメントで補うならカルシウム。

副菜（野菜）
サラダ、温野菜、野菜炒めなど。不足しがちならビタミン、ミネラルを補充。

主食
ごはん、パン、パスタ、麺類など。

●おもな栄養素とその効果●

多くの種類があるサプリメント。まずはそれぞれの栄養素の役割を知っておくことが大切です

栄養素	効用
ビタミンA	目や皮膚を丈夫にする。免疫機能維持
ビタミンB_1	糖質の代謝を促す。中枢神経や末梢神経の機能を正常に保つ
ビタミンB_2	脂質の代謝を促す。粘膜を保護する
ビタミンB_6	タンパク質の代謝を促す。抗体・赤血球を産生
ビタミンB_{12}	ヘモグロビンの合成を助ける。神経の機能を維持
ビタミンC	肌トラブルの解消。免疫力を高める。ストレスを抑える
ビタミンD	骨形成。カルシウム吸収の促進
ビタミンE	抗酸化作用。血行を良くする
ビタミンK	血液凝固を促進。骨を丈夫にする
葉酸	DNA合成。細胞分裂を助ける
ナイアシン	糖質、脂質の代謝
カルシウム	骨を形成。精神を安定させる
マグネシウム	骨を形成。酸素を活性化
カリウム	摂りすぎた塩分を排出
鉄	貧血予防。酸素の運搬

短期間で体重を落とすことはできる?

例えばダイエットで、体重を2kg減らすことを考えてみましょう。体脂肪1gのエネルギー量は約7kcal、2kg減らすためには約15000kcalの消費が必要になります。成人女性の1日に必要なエネルギーは1800kcal程度。もし1日の摂取エネルギーを500kcal減らすのであれば、30日間かけて2kgを落とすことが可能です。しかし、これでは毎日約1回分の食事を控える状態になるので、継続するのは厳しいでしょう。

ダイエットの期間を2カ月に延長すると、1日に減らすエネルギー量は250kcal程度。これぐらいでやっと、夕食を少なめにして間食を控えれば続けることができるレベルになります。まったく運動を行わずに食事だけでやせるためには、これぐらいの時間がかかるということを覚えておきましょう。反対に運動のみでやせようと思った場合、500kcalを消費するには筋力トレーニングで60分、ジョギングで60分以上、ウォーキングでは120分が必要という計算に。運動だけで

大学生のダイエット体験談

18歳　女性

ダイエットの方法

夕食抜き

高校１年生の頃、夕食を抜くダイエットで６kg落としました。朝と昼は普通に食べて、１日の食事はそれで終わりという方法です。でも徐々に体重が減らなくなり、朝や昼の食事量を制限するように。そのころから間食を食べ過ぎたり、夜中に食べるようになったりして結局リバウンドしてしまいました。

21歳　男性

ダイエットの方法

極端な食事制限と運動

以前、１カ月半で８kgのダイエットをしたことがあります。朝は家族と一緒の食事を摂り、昼と夜は納豆とみそ汁のみ。平日は４～５kmのジョギングと筋トレを欠かさず行いました。確かに体重は減ったのですが、時おり立ちくらみがしたり、体調は良くなかったです。

21歳　女性

ダイエットの方法

食べたものを吐く

高校生の頃、たくさん食べて吐くダイエットがはやりました。はじめは軽い気持ちでやってみました。結果はすぐ数字にあらわれ、しかもラクだったので半年ほど続け、マイナス８kgに成功しました。しかし疲れやすくなり、ウツのように無気力になったりし、結局は親に見つかってやめました。今考えてみると危険な方法だったと思います。

ダイエットをするのも現実的ではないですね。

　短期間ダイエットの方法として、1食の食事をまったく別のもので代用してしまう「置き換えダイエット」があります。例えば朝、昼は普通に食事を摂り、夕食1食分を別のものに置き換えるといった具合です。このようなダイエットは、普通に摂る2食分の食事で、栄養素がバランスよく摂れているということが大前提です。でも現代社会では、毎食の食事を完璧に摂るということは難しいでしょう。前で述べたように、1食分の食事を減らす過激な食事制限をしたとして、2kgやせるには2カ月の時間がかかるのです。それより短期間で体重が落ちるのは、明らかに栄養不足が原因なのです。

　また、エステなどの痩身メニューは、皮膚の引き締め効果や血行改善は望めますが、体脂肪を減らすことはできません。部分やせも同様で、筋肉を引き締めることはできても、体脂肪を部分的に減らすことはできないので、脂肪を減らすためには、王道ではありますが、やはり食事と運動で地道に努力していくしかありません。

大学生のダイエット体験談

18歳　男性

ダイエットの方法

食事を抜く

以前80kg近くあった体重を、朝・昼を抜いて、毎日10㎞近くジョギングをする方法で、60kgまで落としたことがあります。夏休みを利用して短期間に10kg以上やせたのですが、筋肉がまったくつかず見た目にも弱々しい身体に……。日常生活でも体力がなくなったことを実感しましたし、体重が変動しやすい身体になってしまいました。

20歳　女性

ダイエットの方法

炭水化物抜き

にがりやゴーヤ茶、炭水化物抜き、７日間脂肪燃焼ダイエット……など、今までに話題になったダイエットはだいたい試しています。脂肪燃焼ダイエットは、トマトと野菜のスープを中心に炭水化物を一切摂らない方法。これで１週間に3kg減らしましたが、すぐ元に戻ってしまいました。炭水化物を抜くと気分が落ち込みやすくなったので、自分には合わなかったと思います。

18歳　女性

ダイエットの方法

ダイエット飲料

試行錯誤しながらさまざまなダイエットにチャレンジしては失敗するという繰り返しです。以前、市販されていたダイエット飲料を試して１週間で2kgやせたことがありますが、激しい腹痛に悩まされました。結局のところ、運動もせずにラクにやせられる方法なんてないと思います。

炭水化物を減らすとやせられる?

ダイエットで体重を落とそうと思ったとき、手っ取り早い方法として主食を抜く方法、つまりご飯の量を減らそうと考えたことはありませんか? 実際に夕食時に主食を抜いたり、パスタや麺類を控えたことがある人も多いでしょう。雑誌やテレビなどのメディアで、ダイエットの方法として「炭水化物抜きダイエット」「低炭水化物ダイエット」などが紹介されているのをみたことがあるかもしれません。では、炭水化物を減らすと、どうしてやせられるのでしょうか。

炭水化物は体内で消化・吸収される際、ブドウ糖に分解されます。このブドウ糖は肝臓と筋肉にグリコーゲンとして貯えられますが、このとき、水と結合する性質があるので、水分でも体重が増えることになります。また、摂りすぎたブドウ糖は、脂肪として蓄積されるので、体脂肪を増やす可能性もあるのです。さらに、ブドウ糖は血糖値を上げる働きもあります。血糖値が上がるとインスリンというホルモンが分泌され、摂取した糖だけでなく、脂肪も貯えられるように働きます。そこでアメリカで流行したのが、低炭水化物ダイエットです。糖質をカットするために、そのもととなる炭水化物を制限しようとするものです。

しかしこのダイエットは、もともと糖尿病患者のために、アメリカの病院で開発されたもの。栄養士や医師の管理下で実施されるのならよいのですが、素人がヘタにやってはいけません。さらに、ステーキなどのおかずが中心のアメリカの食生活では問題ないかもしれませんが、炭水化物を主食にする日本人が炭水化物を抜くのは非常に厳しく、精神的な満足感も得られません。炭水化物を減らすのは、脳の唯一の栄養分である糖質をカットすることになるのでイライラしやすくなり、ストレスがたまったり対人関係でトラブルが出て、結局最後はリバウンドするといったケースも多いのです。これはオーストラリアの研究でも明らかにされています。

効果が早くあらわれるダイエットにはリスクが伴うもの。ダイエットに近道はないものと認識しておくことが大切です。

危険なやせ薬に注意しよう

効果的にやせるというたい文句で、爆発的に人気を集めるやせ薬があります。しかし健康に障害が出たり、下剤や利尿剤が含まれていたため、飲用すると日常生活に支障が出るようなものも多く出回っています。

本来のやせ薬のおもな成分には、左の表のようなものがありますが、このなかで現在厚生労働省が認可しているものは、マジンドールだけ。しかも医療機関でなければ入手できないものなので、市販されることはありません。手軽に入手できるものは、合法的なものではない危険なものだと考えましょう。

また、フェンフルラミンの誘導体であるN-ニトロソフェンフルラミン（未承認医薬品）は、数年前に死亡者を出した「中国やせ薬」に含まれていた成分です。多くの人が飛びつきましたが、飲用した結果、肝機能障害を起こした人もいます。短期間でやせられる魔法の薬はありません。甘い言葉には注意しましょう。

●抗肥満薬のいろいろ（開発中の薬剤も含む）●

食欲を抑える	フェンフルラミン	中枢神経系の食欲に関係するセロトニン系に働きかけて、食欲を抑制する。心臓弁膜症が発生する副作用がある。死者を出した中国やせ薬に配合。
	マジンドール	中枢神経の食欲に関係するβ-アドレナリン系に働きかけ食欲を抑制する。
	シブトラミン	セロトニンとノルアドレナリンの再取り込みを阻害し、食欲を抑制する。覚醒作用があり、長期服用により薬物依存の傾向が出たり、効きにくくなることも。
糖の消化吸収を抑制	ボグリボース アカルボース	二糖類から単糖類へ分解する酵素の働きを阻害し、糖質の吸収を抑制する。
脂肪の消化吸収を阻害する	リパーゼインヒビター	腸管から分泌されるリパーゼを阻害し、摂取した糖質の30％を排出する。ただし、脂溶性ビタミン（ビタミンA、ビタミンE）の吸収も抑制されてしまう。服用すると日常生活に不便をきたすほど排便頻度が増すことも。

出典／大野 誠、金子ひろみ『体脂肪を減らして肥満を解消するらくらくレシピ』（法研）

健康食品で脂肪をカット

健康食品やサプリメントのなかにも、脂肪を抑制する成分が含まれているものがあります。もちろん、摂取するだけで劇的な効果が期待できるものではないですが、栄養バランスが偏っている場合には、このような食品の利用が効果的な場合もあります。

ただしあくまで基本は間食を減らしたヘルシーな食事。そして効果的な脂肪燃焼のためには、エクササイズを併せて行うことが大切になりま

健康食品に含まれる脂肪抑制成分

脂肪蓄積抑制型…ヒドロキシクエン酸（HCA）
脂肪吸収阻害型…キトサン
脂肪燃焼促進型…共役リノール酸（CLA）、カプサイシン、カフェイン、L-カルニチン、CoQ10、α-リポ酸、大豆プロテイン
糖吸収阻害型……ギムネマ・シルベスタ

「健康食品」の安全性・有効性情報
http://hfnet.nih.go.jp/
（独立行政法人　国立健康・栄養研究所）

食品・食品成分に関する正しい情報の提供、健全な食生活の促進、「健康食品」が関連した健康危害の防止を目的に情報を提供、運営しているサイト。

す。抗肥満効果をもつ成分は右図の通り。目的に合わせてサプリメントの成分をよく確認して選びましょう。

このなかで医療機関でよく使われているのは、キトサン（カニの甲羅の加工物）です。キトサンは脂肪分解酵素を抑制する働きがあります。また、アスリートの減量では、大豆タンパク（ソイプロテイン）やヒドロキシクエン酸（ガルシニア）が使われます。

特定保健用食品ってどんなもの？

食品の機能には、生命維持のための一次機能（栄養）、食事を楽しむという二次機能（味覚）、体調のリズム調節や生体防御、疾病予防、疾病回復、老化防止など健康を維持する三次機能（体調調節）があります。特定保健用食品（略称トクホ）とは、三次機能をクローズアップした食品で、さまざまな厳正な検査の結果、お腹の調子を整えるのに役立つ、コレステロールを正常に保つことを補助するなどの表示許可を消費者庁から得た食品のことをいいます。

●特定保健用食品いろいろ＜中性脂肪・コレステロール機能食品＞●

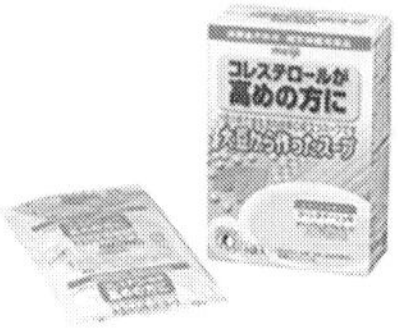

大豆から作ったスープ（明治）：大豆タンパク質

血清コレステロールを低下させる働きのある大豆タンパク質を原料にしたスープ。続けて飲むことでコレステロールが高めの人の体調を整える。

黒烏龍茶（サントリー）：OTPP

ウーロン茶重合ポリフェノールが、脂肪の吸収を抑える。カフェイン量はそのまま、ポリフェノールを70mg配合

トクホは医薬品ではなく、サプリメントと同様に食品です。摂取することで病気の症状が改善することはありませんが、健康な人が摂取することでその健康を維持増進したり、体調を悪化させるリスクを軽減することができます。トクホの表示があるものは、最低3カ月の有効性と安全性が確認されています。3カ月をめどに、体調を確かめながら利用しましょう。

左ページの図表は、保健機能食品制度と健康食品をまとめたものです。食品は許可型のものと、栄養機能食品、一般食品に分けられており、多くの健康食品やサプリメントは、一般食品に含まれます。トクホや、ビタミン・ミネラルを一定量含んでいれば表示することのできる栄養機能食品は保健機能食品に分類されています。

保健機能食品制度と健康食品

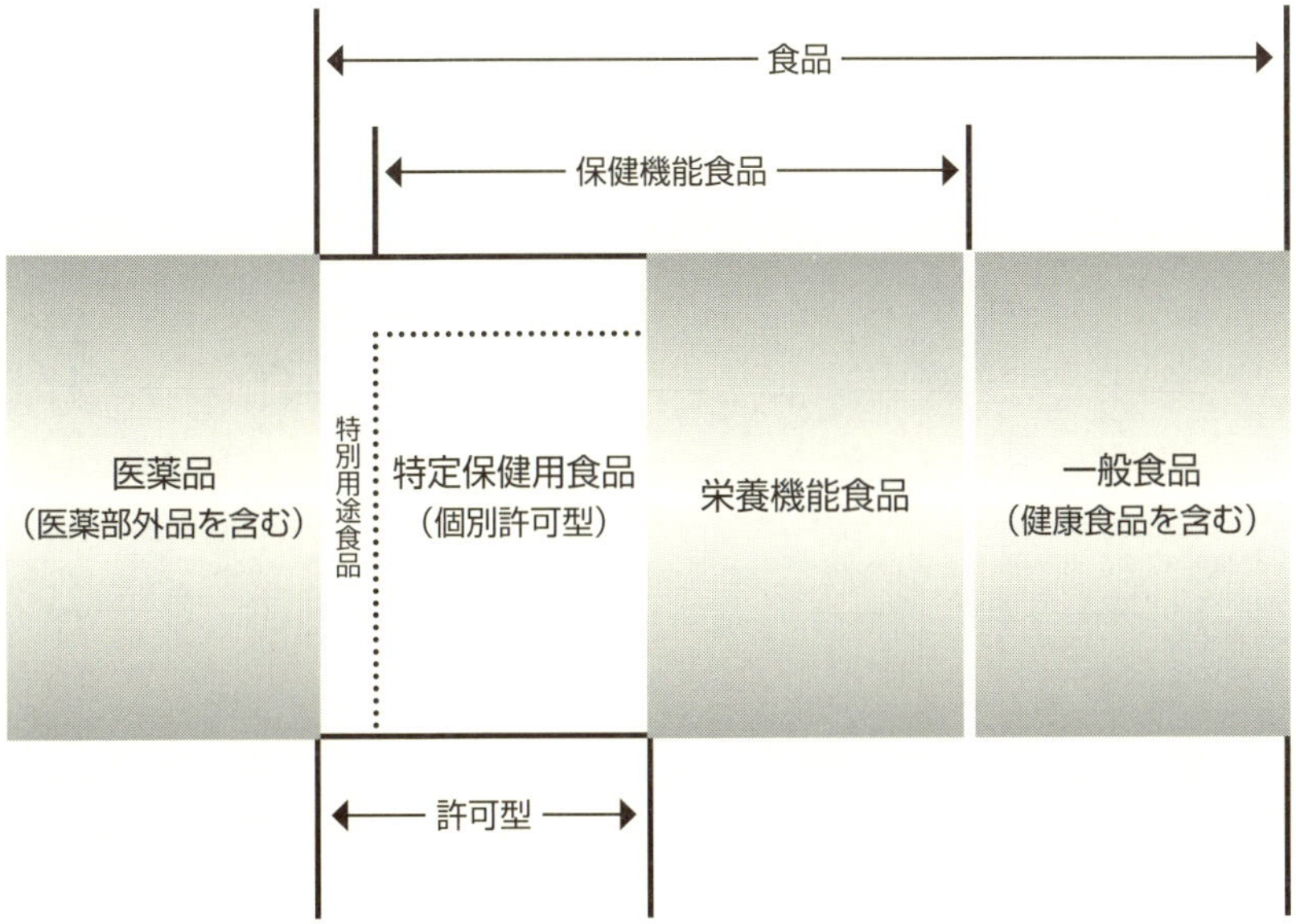

特定保健用食品

身体の生理学的機能などに影響を与える保健機能成分を含む食品で、血圧、血中のコレステロールなどを正常に保つことを助けたり、お腹の調子を整えるのに役立つなどの特定の保健の用途に資する旨を表示するもの。

保健の用途や機能を表示可能。

例）腸内のビフィズス菌を適正に増やし、お腹の調子を良好に保つとともに、カルシウムとマグネシウムの吸収を促進する食品です。

栄養機能食品

栄養素（ビタミン・ミネラル）の補給のために利用される食品で、栄養素の機能を表示するもの。

例）ビタミンCは、皮膚や粘膜の健康維持を助けるとともに、抗酸化作用をもつ栄養素です。

特別用途食品

病者用、妊産婦用、授乳婦用などの特別の用途に適する旨の表示をする食品。

特定保健用食品も広義ではここに含まれる。

あなたの身長＝□cm　体重＝□kg　体脂肪率＝□％

BMI□＝体重（kg）÷身長（m）÷身長（m）

自分の体調からサプリメントを選ぶ

サプリメントは自分の食事や生活習慣を考え、足りないと思う栄養素を選んで利用するのに効果的です。例えば野菜が足りないときはビタミンやミネラル、乳製品が足りないようであればカルシウムをサプリメントで摂る、といった考え方です。

あなたの生活において、どんな栄養素が不足しがちか、簡単な確認方法を紹介します。自分自身の生活や最近の体調を振り返ってみて、チェックしてみてください。

1 プロテイン

あなたの身長、体重からBMI値を算出しましょう。そして次の表を参考に、BMI値と体脂肪率からあなたがどの体型パターンに当てはまるか調べてみてください。

●個人の体格的特徴からプロテインを選ぶ●

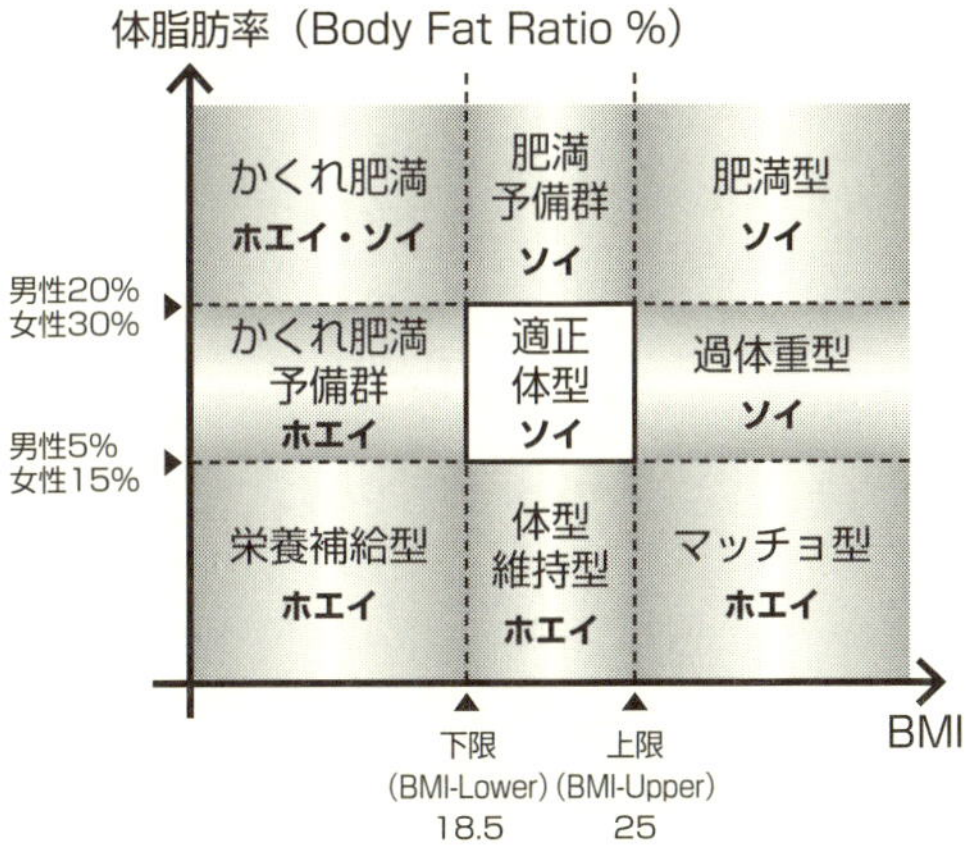

プロテインの原材料に、ホエイプロテイン（乳清タンパク）とソイプロテイン（大豆タンパク）の2種類が代表的です。筋肉をつけたい場合はホエイ、ダイエットが必要ならソイがおすすめです。

2 その他のサプリメント

ここではビタミンやカルシウムなど、不足しがちな栄養素をみてみましょう。次頁からの項目をチェックして、食生活を振り返ってみてください。サプリメントを選ぶときは、下に挙げた栄養素を参考にしてみましょう。

- ストレスがたまっている
- タバコを吸う
- 果物はあまり食べない
- 色の濃い野菜はあまり食べない

マルチビタミン

体内の化学反応を助け、コンディショニングに欠かせないのがビタミン。全般的に不足しがちな人はマルチビタミンを試してみましょう。

スーパーマルチタブ
BCパワータブ

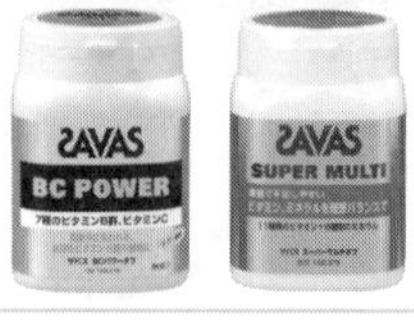

- 前日の疲労がなかなか抜けない
- トレーニングで自分を追い込むのが好きだ
- 何となくだるい
- アルコールをよく飲む

アミノ酸

アミノ酸激しいはトレーニングをする人に勧められます。アルコールの分解にはアミノ酸が使われるので、深酒しがちな人も注意が必要。

パワーアミノ
2500

- ごはんやパンや麺類が好きだ
- クッキーやケーキなどの間食が多い
- 夕食はたっぷり食べる
- 友人とおしゃべりしながら甘いものを食べることが多い

ガルシニア

これらの項目があてはまる人は、糖質の過剰摂取傾向が。ガルシニアやカプサイシンを含み、余分に摂取された脂質や糖質をカットし、脂肪を燃えやすくサポートするものを。

ファットメタボライザー

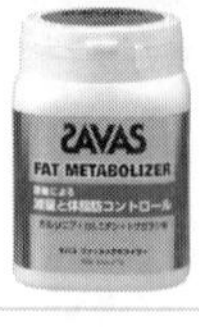

・肌の調子が気になる
・最近体重が増えた
・足首や膝や腰に痛みがある
・エアロビクスやジョギングなどを行う

・最近、以前よりも疲れやすくなった
・有酸素運動を1日1時間以上行う
・肉料理はあまり食べない
・ほうれん草や小松菜などの青菜、ひじきなどの海藻はあまり食べない

・ダイエットを何回もした経験がある
・最近、イライラすることが多い
・めざしやしらす干しなどの小魚はあまり食べない
・乳製品は苦手である

コラーゲン

関節や腱のケアのポイントはコラーゲン。有酸素運動を行っていたり、関節が気になる人はぜひ摂っておきたいもの。女性にとっては美肌効果もあり嬉しいサプリメントです。

コラーゲンパウダー

鉄

とくに女性に不足しやすい鉄。赤血球内のヘモグロビンをつくるために必要な成分です。血球は衝撃に弱い性質をもっているため、激しいトレーニングを行う人は意識して摂取しましょう。

Feタブ

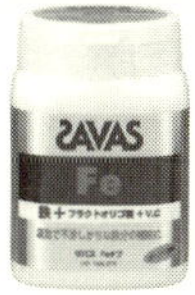

カルシウム

平成21年度の国民栄養調査でも、男女共通で不足している栄養素として挙げられているカルシウム。丈夫で健康な骨のためには、カルシウムの摂取が欠かせません。

Caタブ

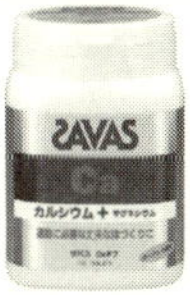

代表的なサプリメント

ここではしなやかな筋肉をつけたい人、脂肪を減らしてダイエットしたい人へ向けたサプリメントをご紹介します。また、鉄やカルシウムなど、不足しがちだといわれている栄養素もチェック。食事で摂取しにくいときは、サプリメントを検討してみましょう。

●筋肉をつける●

ホエイプロテインGP

純度の高いホエイ原料WPI（ホエイプロテイン・アイソレート）を用いた、タンパク含有率91％（無水物換算値）のハイスペックプロテイン。体づくりやコンディショニングのためにグルタミンをペプチドとして配合。

●360g 3,675円　800g 7.350円

アクアホエイプロテイン100

水に溶けやすく、スポーツドリンクのように飲める次世代プロテイン。体内吸収の速いホエイプロテインを使用、7種類のビタミンB群とビタミンCを配合。缶、分包タイプも。<グレープフルーツ風味、アセロラ風味>

●21g×10包 2,520円　360g 3,150円
800g 6,300円　1.7kg 12,075円

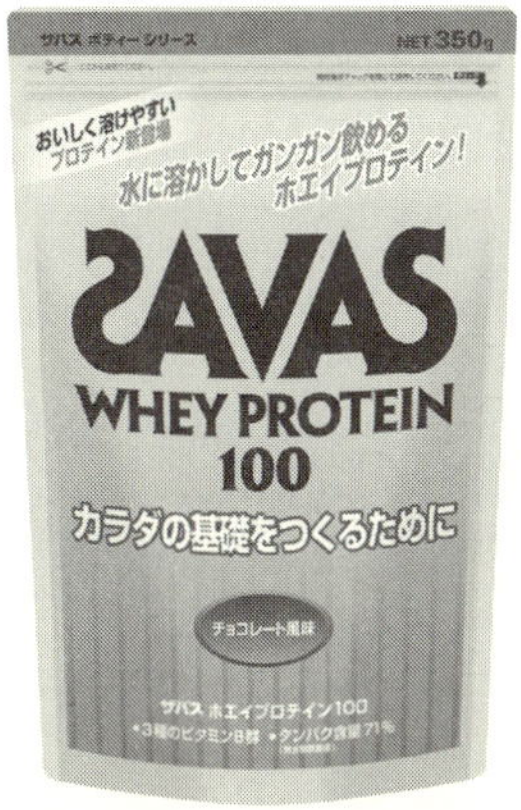

ホエイプロテイン100

水でおいしく飲める部活応援プロテイン。独自のMEG製法で、おいしさと溶けやすさを両立。3種のビタミンB群（B_1、B_2、B_6）を配合。チョコレート・ストロベリー・バナナの3種類の風味。

● 350g 1,995円　1kg 4,935円
2.5kg 10,500円

クリアプロテイン

高純度なホエイプロテインWPIを使用したタンパク含有率92%（無水物換算）のハイスペックプロテイン。クリアな風味なので、普段利用しているプロテインに加えても味をほとんど変えずに、オリジナルのハイスペックプロテインがつくれる。

● 360g 3,675円　800g 7,350円

タイプ1 ストレングス

爆発・瞬発系アスリート向けのプロテイン。主成分はホエイプロテインを使用、さらにグルタミンをプラス。目的によって、サッカーなどパワー持久系アスリート向けのタイプ2 スピード、マラソンなど持久系アスリート向けのタイプ3 エンデュランスも選べる。

● 360g 2,835円　1.2kg 6,300円　2.5kg 11,970円

●引き締める●

ファットメタボライザー

ヒドロキシクエン酸が豊富なガルシニアエキスとカルニチンを配合。運動による減量と体脂肪コントロールが必要な方のためのタブレット。

●150g（標準500粒入り）4,200円

ウェイトダウン

筋肉を維持したまま減量したい方に適した大豆タンパク質に、ヒドロキシクエン酸（ガルシニア）、ビタミン、ミネラルを配合。

●360g 2,730円　1.2kg 5,985円

アクアソイプロテイン100

アクア製法により、クリアでスッキリした飲み口を実現したプロテイン。大豆プロテインを100%使用し、クエン酸、7種のビタミンB群、ビタミンCを配合。

<オレンジ風味>

●330g 3,150円　700g 6,300円

シェイプ&ビューティ

引き締めをサポートする大豆プロテインと美容にうれしいフィッシュコラーゲンを配合。鉄、カルシウム、マグネシウム、8種のビタミンも含まれ、マイルドなミルクティー風味で飲みやすい。

●360g 2,100円

●女性におすすめ●

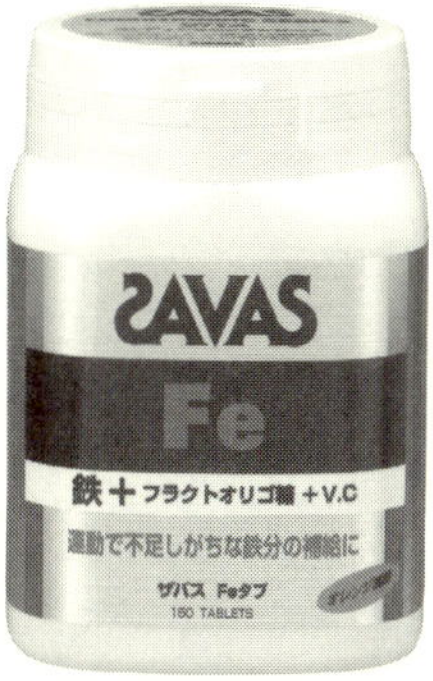

Feタブ

女性に不足しがちな鉄分の補給に。フラクトオリゴ糖とビタミンCを配合。水のいらないチュアブルタイプ。<オレンジ風味>

● 150粒 1,260円

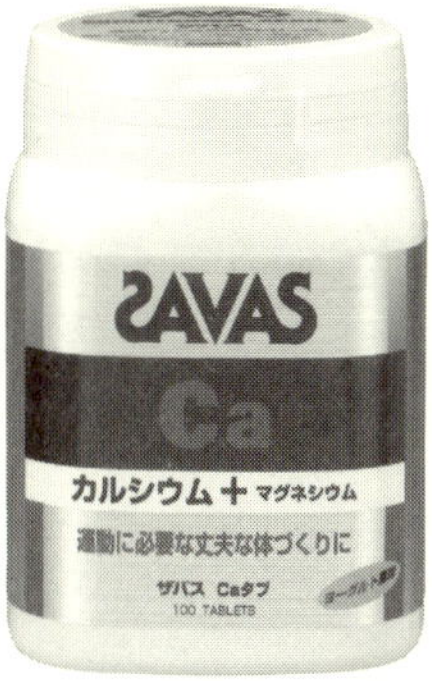

Caタブ

カルシウムとマグネシウムを理想的に補給できるタブレット。Ca利用を効率的に行うために、フラクトオリゴ糖とビタミンDをブレンドしたチュアブルタイプ。<ヨーグルト風味>

● 100粒 1,050円

ダイエット中のアルコールとのつきあい方

　アルコールは適量であれば、血行を促進し、ストレス解消にも役立つ便利な食品です。ただし、それは「適量」ということが大前提。ところが実際のところ、適量ですませられるのは、もともとあまりアルコールを飲む習慣がない人たちです。毎晩飲酒の習慣があったり、週に何度も居酒屋に通う習慣がある人にとって、アルコールを適量でとどめるのはとても難しいことです。

　アルコールはご存知の通り、エネルギー量が高めです。1杯だけでは問題ありませんが、2杯3杯と無意識のうちに量が増え、結局相当なカロリー摂取をしてしまいがち。さらに、おつまみで摂るものも揚げ物やナッツ類など高カロリーなメニューが多いでしょう。アルコールを飲んだあとは、低血糖状態になるため、ラーメンや甘いものが食べたくなることもあり、ダイエット中はなるべく控えめにしたいものです。

　アルコールでエネルギーを摂取する分、ごはんの量を少なめにし

●アルコール飲料のカロリー目安●

ビール（350mL）1缶	141 kcal	スプモーニ　1杯	40 kcal
発泡酒（350mL）1缶	159 kcal	ダイキリ　1杯	125 kcal
シードル　300mL	108 kcal	カルーアミルク　1杯	180 kcal
シャンパン 125mL	95 kcal	ジンフィズ　1杯	125 kcal
白ワイン　グラス1杯	73 kcal	モスコミュール　1杯	160 kcal
赤ワイン　グラス1杯	73 kcal	スクリュードライバー　1杯	165 kcal
ウイスキー　シングル（30mL）	69 kcal	焼酎　1杯	275 kcal
紹興酒　30mL	38 kcal	焼酎ソーダ割り　1杯	110 kcal
日本酒　1合	175 kcal	梅酒　100mL	140 kcal

たり、アルコール自体をカロリー控えめのものに変える人もいますが、実はアルコールの問題点は、エネルギーが高いことだけではありません。

深酒した翌日は、肌の調子が悪いと感じたことがあるのではないでしょうか。身体の疲労を回復するために必要なタンパク質の合成は、おもに夜、肝臓で行われます。ところがアルコールをたくさん飲み、肝臓を解毒のために酷使すると、必要な身体づくりが進まなくなります。さらに、二日酔いになるほど大量にアルコールを摂ると眠りが浅くなり、成長ホルモンの分泌も悪くなるでしょう。その他にも、カルシウムやビタミンの吸収を妨げたり、身体づくりに影響を及ぼす要素がたくさんあります。

完全にアルコールを抜くことは難しいとは思いますが、ダイエットを行うなら、期間を決めてアルコールを断つことが一番。また、日ごろから二日酔いになるほど大量にお酒を飲まない、おつまみには油の多いものを避けるなどの心がけが大切です。

タバコとダイエット

タバコは美容と健康の大敵とよくいわれます。ではその理由はどんなところにあるのでしょうか。

近年、タバコが健康に与える被害が広く認知されるようになってきました。禁煙の施設が増え、分煙スペースの設置、オフィスの禁煙化などが進行してきた影響もあるでしょう。路上での歩きタバコが禁止されている地区も増えました。その結果、ここ30年間で喫煙者の割合は約25％も減少しています。

しかし、それでもタバコの害に関する認知度は欧米に比べてまだまだ低く、日本の喫煙率は、アメリカやイギリスと比較するとまだまだ高いです。20〜30代においては、喫煙率が上昇傾向にあるともいわれています。全体としての喫煙率は低いものの、女性の喫煙率は２００８年で20代が14.3％、30代が18.0％です。

タバコは身体にとって有害な物質を含んでいます。喫煙者はまったく吸わない人に比べ、肺ガン、心疾患、気管支炎などのリスクが

●年齢段階別の喫煙率の年次推移（日本女性）●

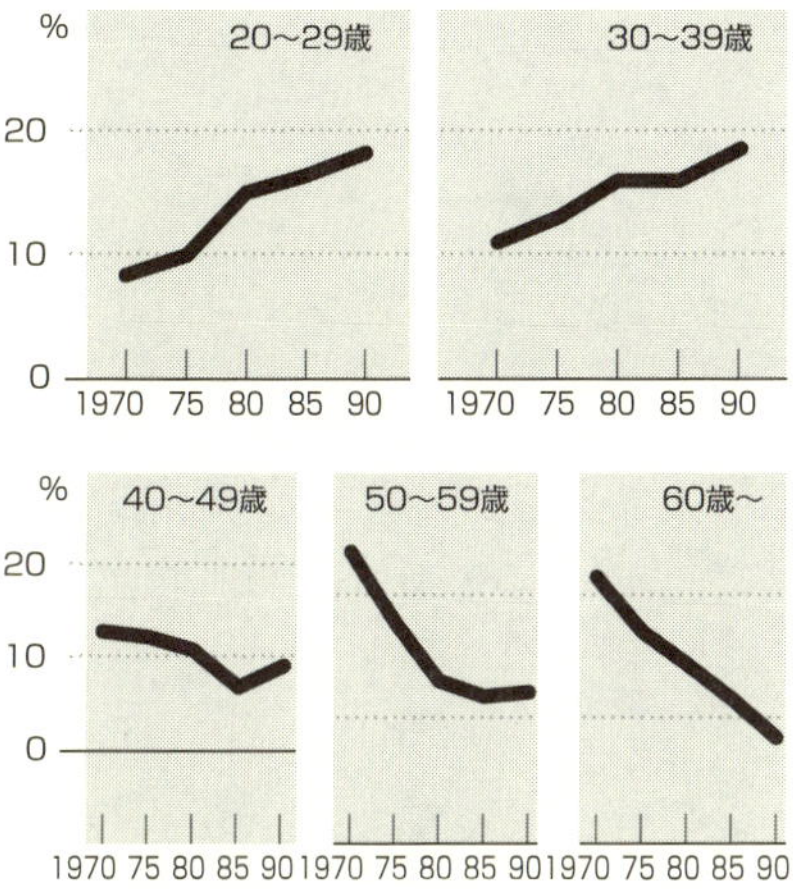

出典：『喫煙と健康、喫煙と健康問題に関する報告書』
第２版厚生省編　1993

●日本の喫煙率●

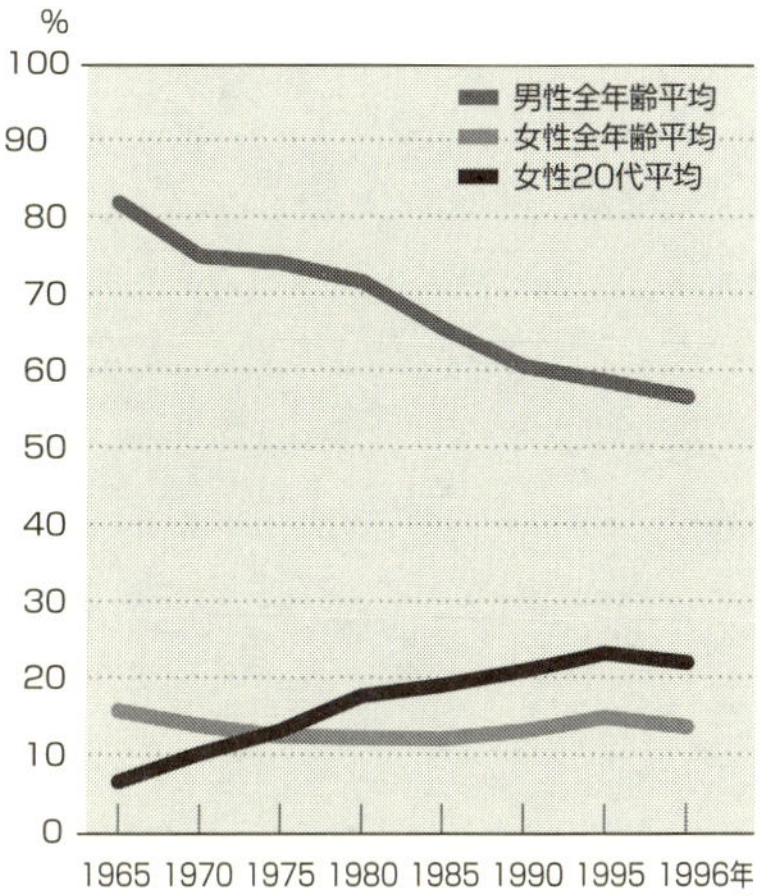

●タバコの成分●

タール
タバコに含まれる粒子分子のうち、茶色く付着するヤニのようなもの。ベンツピレンなど100種類以上の発ガン性物質やニコチンを含む。

一酸化炭素
酸素を運ぶ血液中の成分であるヘモグロビンに結合し、全身に酸素欠乏状態を引き起こす。また、血管壁や血小板を傷つけたり、肝臓でのコレステロールの代謝を阻害し、動脈硬化を促進させる。

ニコチン
コカインなどの薬物と同様、依存性の高い精神作用をもつ。ニコチン毒性が強く、非常に短時間に吸収される。

●男女別にみた世界の喫煙率●

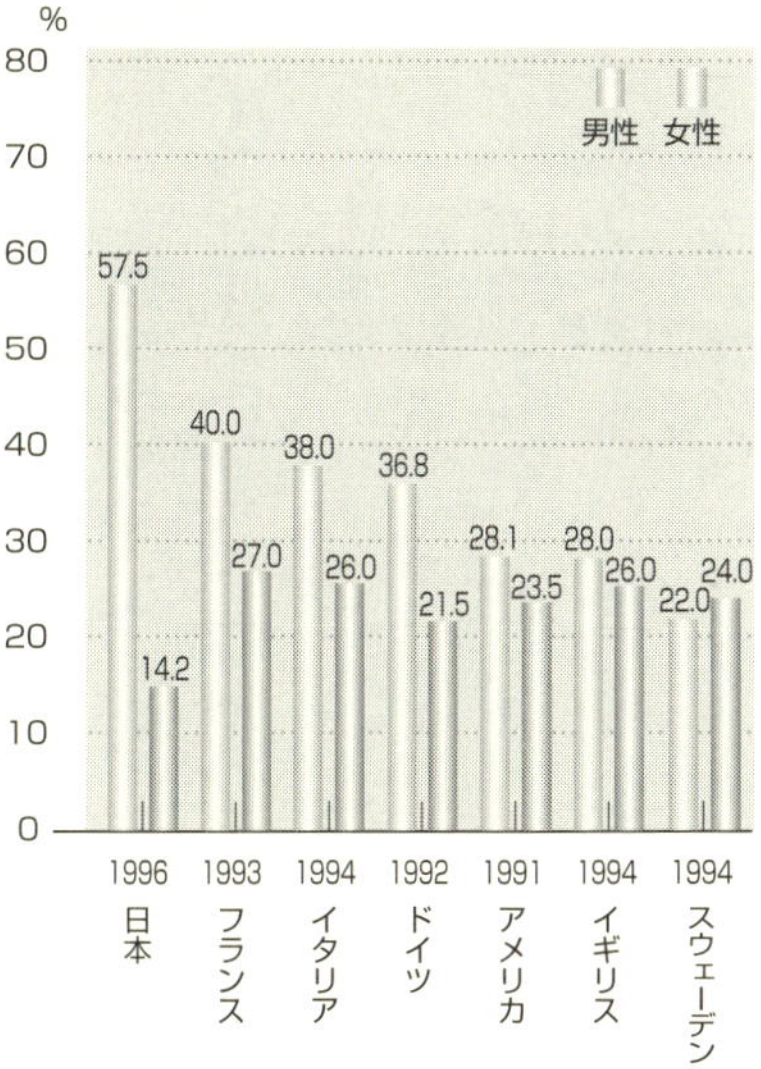

高くなることはよく知られています。タバコを吸うと、ニコチンによって毛細血管が収縮されます。また、一酸化炭素は血液中のヘモグロビンと非常に結合しやすく、酸素が細胞に送られるのを妨げるのです。スポーツを行うときなど、全身が酸素を必要としている際の喫煙は、身体に大きなダメージを与えます。それでも、競技のストレス（プレッシャー）からか喫煙するアスリートもいます。プロ野球を例にすると、アメリカでも噛みタバコを嗜好する選手をよく見かけました。しかし最近では、自分の身体をきちんとケアできる選手が活躍し、長く選手生活を送ることができていることから、意識の高いトップアスリートは喫煙しないことがほとんどです。

また、タバコには受動喫煙の問題もあります。受動喫煙とは、タバコを吸わない人が近くにいる喫煙者の煙を吸ってしまうことです。タバコの煙は2種類に分かれます。1つは本人が吸い込む主流煙、もう1つは火のついたタバコの先から出る副流煙です。主流煙よりも副流煙に多くの有害物質が含まれています。

タバコの煙は、女性ホルモンの分泌を悪くし老化の原因になる活性酸素を発生させます。この活性酸素を抑えるために体内のビタミンCが使われますが、タバコ4本が消費するビタミンCの量は、1日の摂取基準量に匹敵します。ビタミンCは美容にとっても大切なビタミンですが、喫煙によって新陳代謝やコラーゲンの生成を悪くすることもわかっています。

タバコを吸うと食欲が減る、腸の動きがよくなるなどといった意識をもっている人もいるかもしれません。たしかにタバコは1本吸うと10kcalのエネルギーを消費するといわれていますし、やめたときの口寂しさや、味覚や嗅覚が回復することによって食欲が増すこともあるかもしれません。しかし喫煙によって基礎代謝が低下すると、結局のところ太りやすい身体になってしまいます。厚生労働省が行った調査によると、女性の場合、喫煙本数が多くなるにしたがって肥満者の数が増え、閉経が早まり、白内障や骨粗鬆症になりやすくなることも知られています。

禁煙する＝太ると考えるのは少し短絡的。タバコは、体重増加よりも高いさまざまなリスクを含んでいるのです。医学的にみると、タバコがもたらすリスクは数kgの体重増加よりずっと大きなものなのです。

第八章

肥満が原因 メタボリックシンドローム

ここまでダイエットとフィットネスの関係について述べてきましたが、この章では肥満の医療的な問題点について考えてみましょう。ガン、心臓病、脳卒中といった3大生活習慣病をはじめ、糖尿病、高血圧症、脂質異常症などの生活習慣病として知られているものは、肥満が原因になって引き起こされたり、肥満によって進行するものが少なくありません。女性の場合、美しくなりたいと願いダイエットを行う人が多いのですが、健康面からみると肥満は医学的に身体にもたらすマイナス面も大きいのです。

人が太ってしまう原因は、摂取エネルギーが消費エネルギーよりも大きいから。私たちの食生活は、欧米化の影響もあってカロリー摂取量が過剰ぎみになっています。基本的なことですが、肥満を防ぐには食べ過ぎと運動不足に気をつけなくてはいけません。

BMI（Body Mass Index）を計算してみよう

現在、肥満の基準は身長と体重から計算されます。日本肥満学会が定めた、統計的に最も病気にかかりにくいといわれている数値はBMI22です。あなたの数値はどうでしょうか？

$$BMI = \frac{体重（kg）}{身長（m）\times 身長（m）}$$

●肥満の判定基準（日本肥満学会2000）●

BMI

低体重（やせ）	18.5 未満
普通体重	18.5 以上 25 未満
肥満１度	25 以上 30 未満
肥満２度	30 以上 35 未満
肥満３度	35 以上 40 未満
肥満４度	40 以上

食事は過剰な摂取を控えることも大切ですが、タイミングを考えることも必要です。1日3回、ほぼ決まった時間に食事を摂っていれば、身体はそれに合わせてエネルギーを消費します。けれども、食事を抜く、夜遅い時間に食事をまとめて摂るなど、食事のタイミングが不規則になると、身体は飢えに備えてエネルギーを貯め込もうと働きます。現代社会で規則正しい生活習慣を維持することは難しいですが、生活習慣病の原因となる肥満の改善は、これから先も健康的な生活を送るうえで欠かせない要素になります。

肥満には基礎代謝量の違いも関係します。基礎代謝量とは、生命を維持するために必要な最低限のエネルギー量のこと。人は何もせずに寝ている状態でも、呼吸や血液循環のためにエネルギーを使っています。年齢や性別によって異なりますが、筋肉量を増やせば基礎代謝量はアップし、太りにくい体質をつくることができます。肥満解消に運動がいいといわれるのは、運動そのものでのエネルギーの消費とともに、基礎代謝量を上げる効果も期待できるからです。

肥満の原因は遺伝と生活習慣

肥満の原因は大きく分けて2つ。1つは遺伝子によるもの、もう1つは食生活や生活習慣によるものです。

最近の研究で、体内にはやせる傾向に働く遺伝子（β3アドレナリン受容体）があることがわかっています。しかしこの遺伝子に変異があり、脳の満腹中枢から出る刺激が受け取りにくくなっているケースがあります。倹約遺伝子（エネルギーを倹約するための遺伝子）とよばれるこの遺伝子をもつ人は、もたない人に比べて1日の基礎代謝量が約200kcal少ないといわれています。しかもこの遺伝子は優性遺伝子なので、両親のどちらかがもっていれば、必ず子どもに遺伝します。

この遺伝子の保有率は、白人で10％、黒人で25％程度だとされていますが、日本人ではなんと約35％の人がこの遺伝子をもっていることがわかっています。欧米人に比べ、小柄でスリムなイメージのある日本人ですが、実は3人に1人が太りやすい体質だというので

互いに合併しやすい生活習慣病

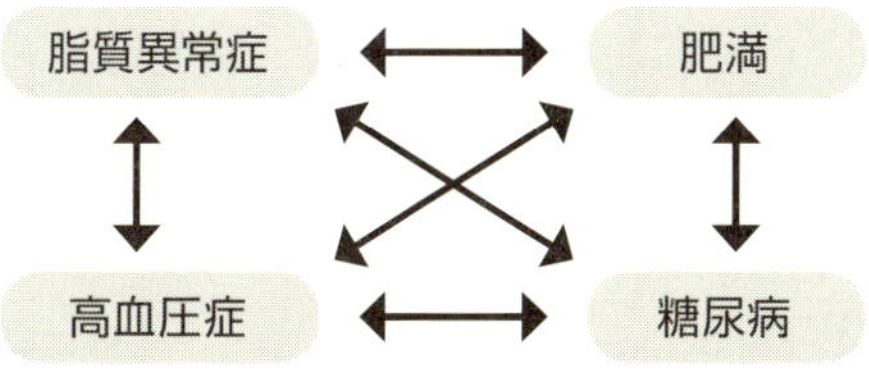

肥満になると高血圧、脂質異常症、糖尿病を引き起こしやすくなり、糖尿病になると脂質異常症になりやすいなど、これらの症状は互いに合併しやすい病気です。また合併することで、加速度的に心疾患や脳血管疾患などの重大な病気を引き起こしやすくなります。

す。困ったことに、こういう人が脂肪を摂りすぎると、内臓脂肪型肥満になりやすいのです。

けれども現代の日本では、欧米に比べると極端な肥満体型の人は、それほどみられません。また、昔の日本人も私たちと同じ遺伝子をもっていたにもかかわらず、糖尿病や肥満の問題が深刻になってきたのはごく最近です。昔と現代の生活を比較してみましょう。現代は食生活が欧米化し、摂取エネルギーが増えました。一方、交通手段が発達して毎日の運動量は格段に減っています。つまり肥満は遺伝的な問題だけでなく、生活習慣が大きく関係していることがわかります。

家族が一緒に暮らしていれば、食事の量や好み、運動などの生活習慣が似てくるのは当然です。肥満ぎみの両親に育てられた子どもは、自然と油ものや甘いお菓子の摂取量が増えるでしょう。倹約遺伝子の有無にかかわらず、エネルギーを摂りすぎれば肥満の原因になります。遺伝を肥満の原因とするよりも、注意するポイントは生活習慣にあるのです。

生活習慣病は日本人の死因の60％！

生活習慣病とは、その名の通り不健康な生活習慣の積み重ねによって引き起こされる病気のことです。ガン、高血圧、糖尿病……このような病気は従来、加齢が大きく影響していると考えられ、成人病とよばれてきました。

しかし近年の研究では、これらの成人病は必ずしも年をとってから起こるとは限らず、遺伝的要因や外部環境要因、普段の生活習慣の積み重ねが原因で起こってくるものだとわかってきました。

1996年、公衆衛生審議会「成人病難病対策部会」は、従来の成人病に代わり「生活習慣病」という名称を導入し、「食習慣、運動習慣、休養、喫煙、飲酒などの生活習慣が、その発症・進行に関与する疾患群」と定義づけています。とくにガン、脂質異常症、糖尿病、高血圧症の4つの症状は、自覚症状が出にくく放置されやすいことからサイレントキラーともよばれています。動脈硬化や心疾患などの原因にもなることから、早めの対処が必要です。

●生活習慣病による死因の割合●

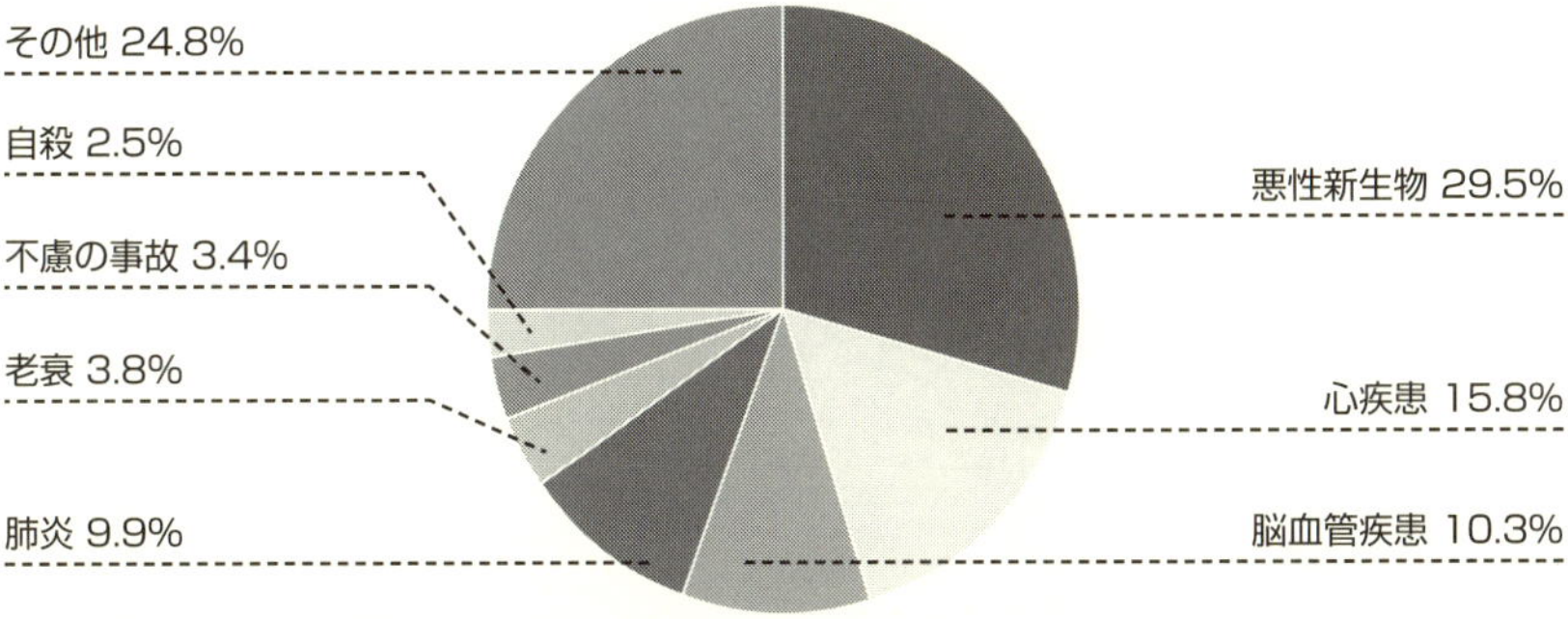

日本は平均寿命80歳という世界有数の長寿国。しかし、1年間の全死亡者中の約60%はグラフの通り、3大生活習慣病（悪性新生物；ガン・心疾患・脳血管疾患）と糖尿病、肝臓病など、いわゆるメタボリックシンドロームが悪化して亡くなっています。 また、これらの疾患は長期間患うことが多く、とくに日本人は糖尿病になりやすい傾向があります。

出典：『平成22年 人口動態統計月報年計（概数）』厚生労働省

●BMIと各種危険因子の関係●

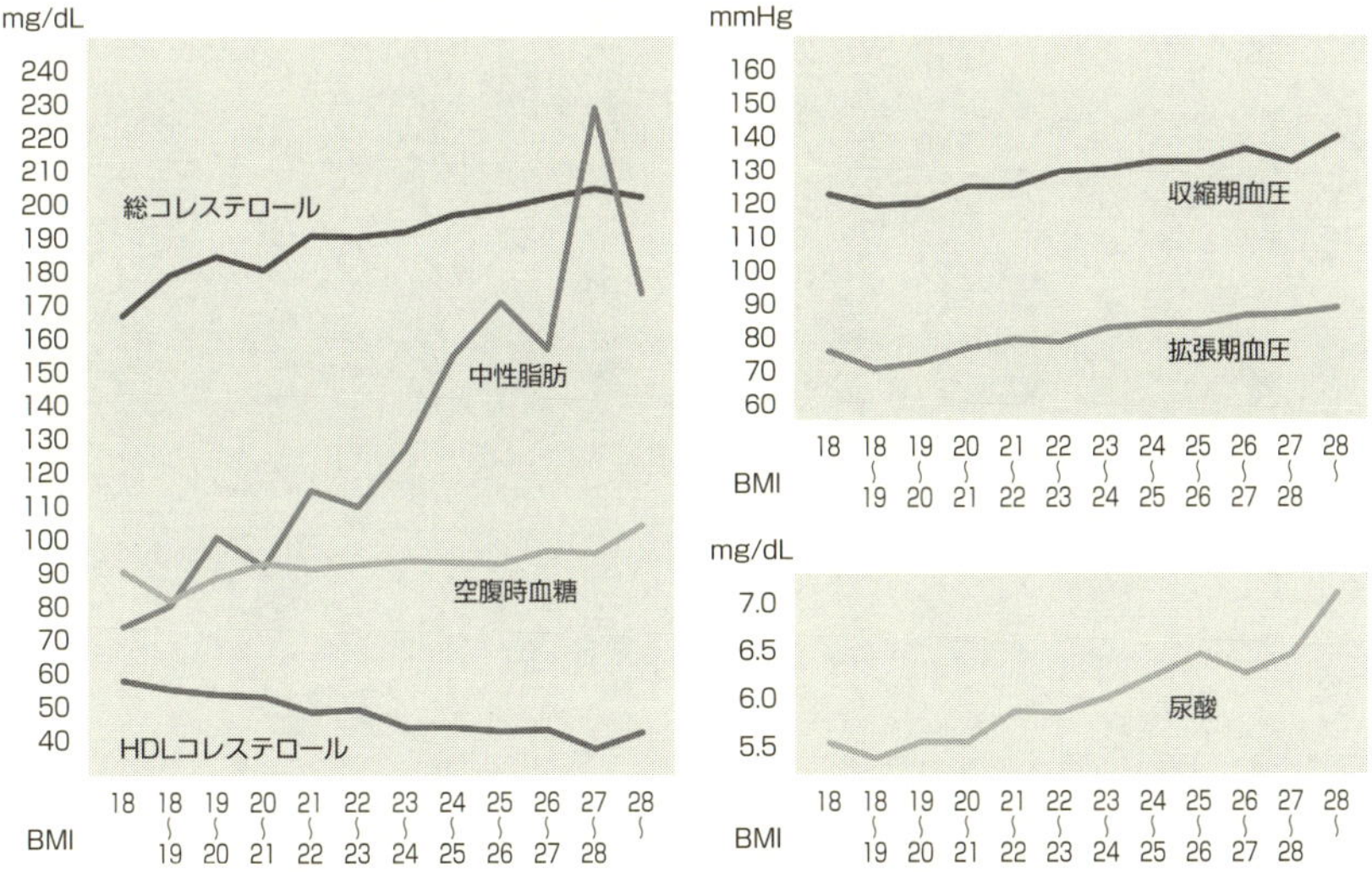

内臓脂肪は生活習慣病の引き金になります。肥満によって内臓脂肪が蓄積されると、脂肪細胞から生理活性物質（アディポサイトカイン）が分泌されます。アディポサイトカインのあるもの（TNFαなど）は、インスリンの働きを妨害し、内臓や血液中に脂肪やブドウ糖がたまって生活習慣病の原因になることも。一方、このようなものから身を守る物質（アディポネクチン）は、内臓脂肪の蓄積とともに減少してしまいます【慶応病院人間ドックの結果（1996年）より】。

メタボリックシンドロームって何？

最近では、「メタボ」や「メタボリックシンドローム」という言葉はすっかり定着していますが、その意味を正確に答えられる人は少ないと思います。メタボリックシンドロームとは、内臓脂肪症候群という意味。内臓脂肪は、腸の外側や腸間膜につく脂肪のことで、これが一定以上蓄積され、かつ高血圧症、脂質異常症、糖尿病といった症状を2つ以上合併している場合がメタボリックシンドローム、1つなら、予備群という診断が下されます。2006年の厚生労働省の統計によると、なんと日本人の1300万人が該当し、予備群と合わせると2700万人にもなるといわれています。

内臓脂肪の蓄積は、厳密にはCTスキャンで測定した内臓脂肪面積が100㎠以上で問題になりますが、簡単な見極め方として、復囲で女性が90㎝以上、男性は85㎝以上と判定されています。前ページまでで述べたように、日本人がかかりやすい病気に心臓病や脳卒中などがありますが、これらを引き起こす共通の原因になっているのが動脈硬化です。動脈硬化は動脈を構成する層が厚くなったり、弾力性を失うなど変化した血管の状態を指します。動脈硬化を引き起こす原因の1つはコレステロールですが、肥満、とくに内臓に脂肪がついた肥満にも原因があることがわかってきています。メタボリックシンドロームは、内臓脂肪型肥満により、さまざまな病気が引き起こされやすくなった状態なのです。

メタボリックシンドロームの診断基準

メタボリックシンドロームは内臓脂肪の蓄積があり、それ以外にも下の項目を2つ以上満たしている場合に診断されます。

●必須項目●

内臓脂肪蓄積

腹囲：男性≧85cm 女性≧90cm

（内臓脂肪面積　男女とも≧100㎠）

＋

●選択項目●

<下記の項目のうち2項目以上>

●脂質異常症

高トリグリセリド血症≧150mg/dL
かつ／または
低HDLコレステロール血症<40mg/dL

●高血圧

収縮期（最高）血圧≧130mmHg
かつ／または
拡張期（最低）血圧≧85mmHg

●高血糖

空腹時血糖≧110mg/dL

日本内科学会　2005

※ 復囲を測るときは、おへその高さで床と平行に測りましょう。
※ 危険因子が2つ以上ある人は、まったくない人に比べて心筋梗塞や脳梗塞のリスクが数十倍になります。

これらのことからもわかるように、肥満はさまざまな病気のベースになってしまう、まさに万病のもと。肥満そのものは病気ではありませんが、いろいろな病気の原因になりやすいため、肥満を防ぐことが重要になります。日本肥満学会が設定した最も病気にかかりにくいBMI値は22です。肥満と判定されるBMI25以上になると、脂質異常症や高血圧にかかるリスクが非常に高くなります。血圧やコレステロール値に異常がないとしても、肥満に関連する病気に十分注意しなければなりません。

肥満には男女で問題意識に大きな差がみられます。10年前、20年前に比べて女性はすべての世代で肥満者が減っています。一方、男性はすべての世代で肥満者の割合が増加傾向にあり、30代から60代の肥満者は30％を超えています。しかも、肥満であっても体重コントロールを意識していない人が多いのも現状です。

それでは、脂肪を貯めないためにどのようなことに気を付けたらいいのでしょうか。幸いなことに、内臓脂肪は皮下脂肪に比べて比較的落としやすい脂肪です。左のページに挙げたように、運動の習慣づけ、バランスのよい食事、禁煙・節酒など、毎日の生活を見直すことで、内臓脂肪の蓄積は改善されます。

メタボリックシンドロームも、生活習慣が大きく関係します。脂肪を貯め込まないためには、日頃の心がけが必要なのです。

覚えておきたい！ メタボリックシンドロームの予防法

1 運動習慣をつける

定期的な運動習慣をつけましょう。まったく運動習慣がない人であれば、１日30分程度、息が切れないスピードでのウォーキングから始めます。慣れてきたら、第四章で紹介しているエクササイズも併せて行いましょう。

2 バランスのよい食事

食事の基本は腹八分目。濃い味付けは食欲をそそるので控え、色の濃い野菜をしっかり摂るように心がけましょう。また、脂肪分の多い食事や砂糖の使いすぎにも要注意。朝食はきちんと摂り、間食はできるだけ抑えましょう。

3 禁煙・節酒

研究の結果、喫煙もメタボリックシンドロームのリスクになることがわかっています。また、アルコールは脂肪に代わりやすく、おつまみになるものは高カロリーのものが多いもの。過度の飲酒は控えましょう。

高血圧症ってどんな病気？

高血圧は、血管に強い圧力がかかっている状態のことをいいます。血管への圧力は、心臓が収縮して血液を押し出すときに一番強くなり、これを収縮期血圧（最高血圧）とよびます。また、収縮した心臓が拡張し、最も圧力が低くなった状態を拡張期血圧（最低血圧）とよびます。最高血圧と最低血圧のどちらが高くても、高血圧とよばれます。

日本人には高血圧の人がとても多く、その割合は30歳以上で40～50％ともいわれています。高血圧の原因にはさまざまなものがありますが、はっきりと原因がわかる高血圧は全体の1割もありません。また、自覚症状もほとんどないため、定期的に血圧を測る習慣がなければ、高血圧を発見することは難しいのが現状です。さらに、高血圧と診断されても自覚症状がないことから、そのまま放置してしまう人も少なくありません。

高血圧は、自覚症状がないまま病状が進行し、動脈硬化や心疾患など重大な病気を引き起こし、最悪の場合死に至る可能性もある恐ろしいものです。なってしまってから対処するより、かからないための予防を心がけましょう。

●高血圧の基準●

日本高血圧学会によると、収縮期血圧140mmHgまたは拡張期血圧90mmHg以上を高血圧としています。しかし、特定保健診査では、正常高値にあたる収縮期130mmHg、または拡張期85mmHg以上を基準としています。

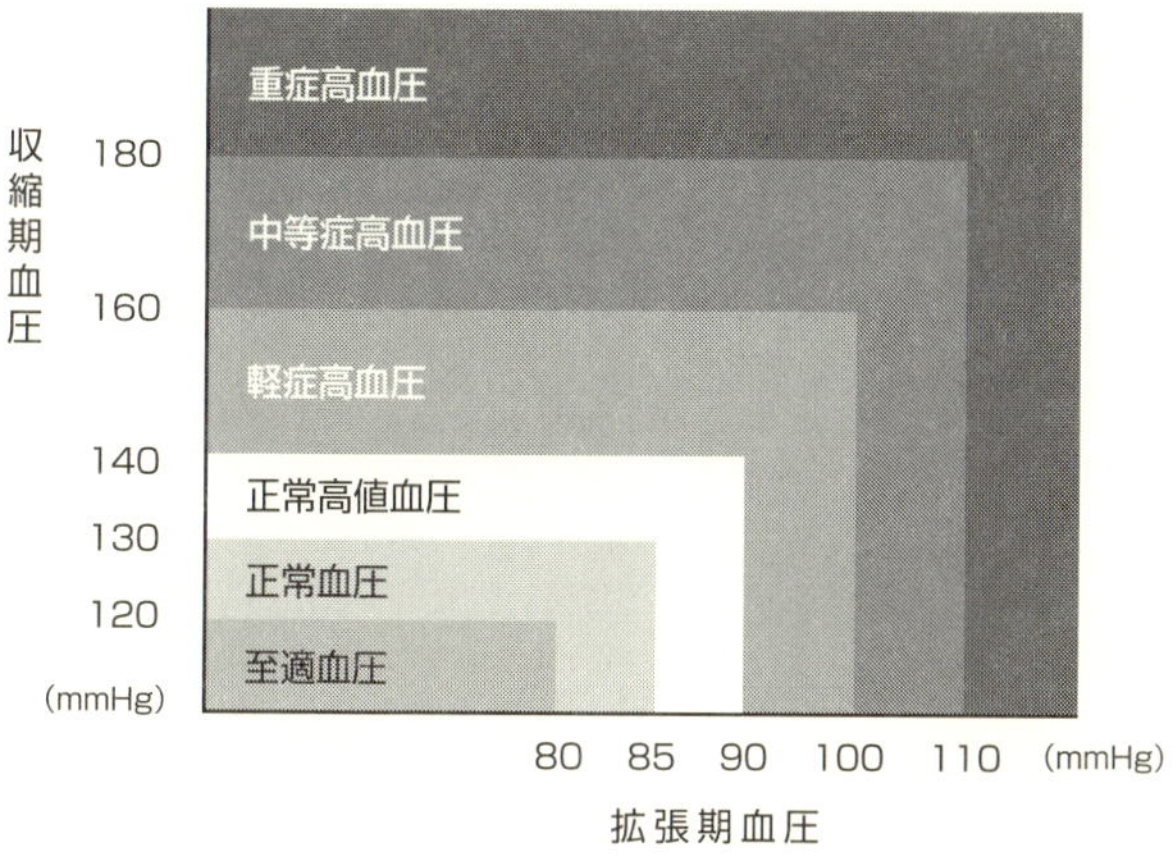

高血圧を放置していると…

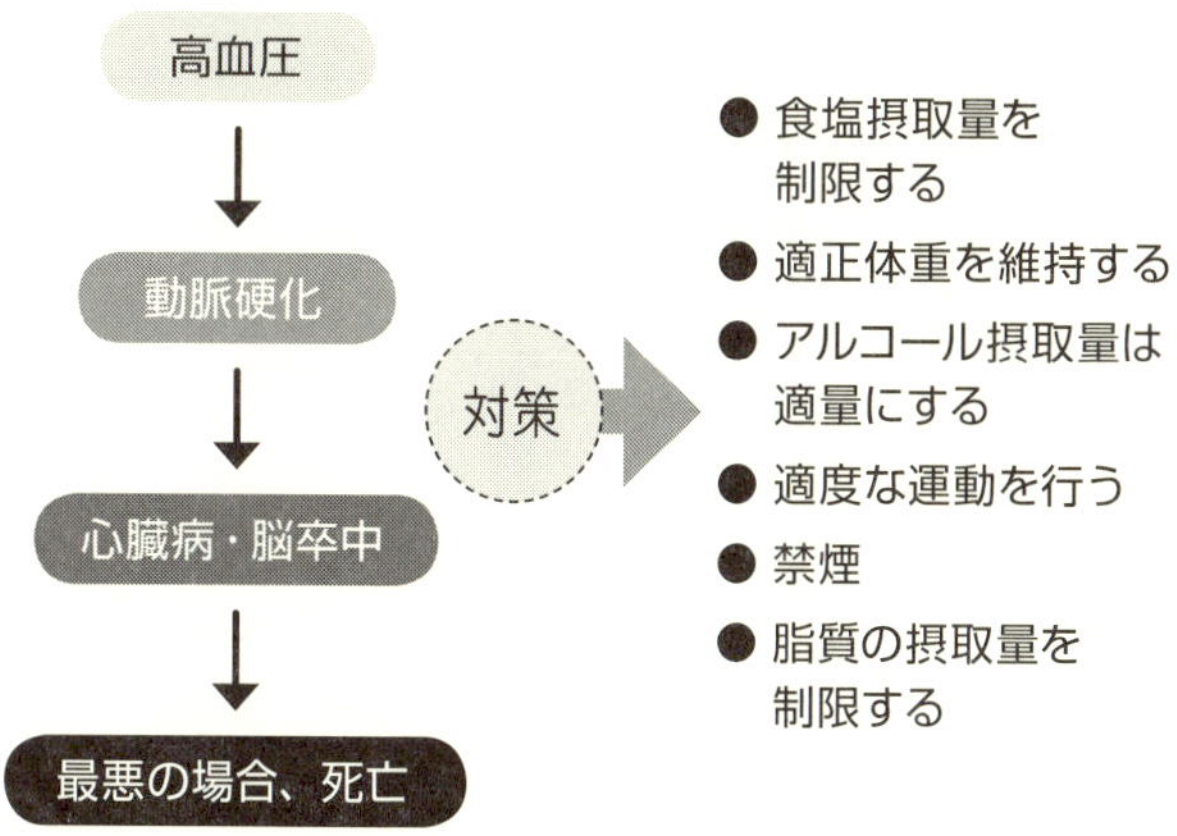

脂質異常症ってどんな病気?

脂質異常症は、コレステロールや中性脂肪など血液中の脂質が多すぎる病気のことをいいます。脂質異常症には、血液中のコレステロールが多いタイプ（高コレステロール血症）、中性脂肪が多いタイプ（高トリグリセリド血症）、両方とも多いタイプ（高コレステロール高トリグリセリド血症）があります。コレステロールや中性脂肪自体は身体にとって必要なものですが、量が多いのは要注意。悪玉コレステロール（LDLコレステロール）が多いと、動脈の壁にくっついて動脈が固くなり、中性脂肪が多ければ善玉コレステロール（HDLコレステロール）が減って悪玉コレステロールを増やす原因になります。

血液中にはコレステロール、中性脂肪、リン脂質、遊離脂肪酸といった脂質が含まれていますが、これらの量が増えても自覚症状は何もありません。脂質異常症を放置すると、脂質が血管の内側にたまり、動脈硬化の原因になってしまいますが、動脈硬化も自覚症状の出ない病気です。心筋梗塞や脳梗塞など、命にかかわる原因が出て初めて事の重大さに気づくもの。自覚症状はなくても、健康診断を受けて、早期発見、早期治療を心がけましょう。

●脂質異常症の審査項目とその基準値（空腹時採血）**●**

検査項目	基準値
総コレステロール	220mg/dL以上
LDLコレステロール（悪玉）	140mg/dL以上
HDLコレステロール（善玉）	40mg/dL未満
トリグリセリド（中性脂肪の一種）	150mg/dL以上

日本動脈硬化学会ホームページより引用

脂質異常症を放置していると…

脂質異常症
↓
動脈硬化
↓
心筋梗塞・脳高速
↓
最悪の場合、死亡

対策

- 禁煙
- 食生活の見直し（適正な食事にする、病気のタイプに応じて対処）
- 適正体重を維持する
- 運動量を増やす

糖尿病ってどんな病気？

糖尿病は、血糖値が高くなる病気です。血糖値とは、血液中にあるブドウ糖の量を示すものです。私たちが食事を摂ると、食事中の炭水化物がブドウ糖に分解されます。ブドウ糖は血液によって筋肉や肝臓にグリコーゲンとして蓄積されます。筋肉に貯えられたものは身体を動かすエネルギー源になり、肝臓に貯えられたものは、脳に運ばれて脳を働かせるエネルギー源になります。

糖尿病にはインスリンの働きが大きく関係しています。インスリンは、血糖値を下げるホルモンとして知られていますが、血液中のブドウ糖を細胞に運んだり、脂肪やグリコーゲンに変えてエネルギーとして貯える働きもあります。糖尿病になるとインスリンの分泌が悪くなるため、ブドウ糖が細胞へ運ばれなくなり血液中に留まってしまいます。その結果、内臓や筋肉に必要なエネルギーが供給されなくなってしまうのです。糖尿病でコワいのは合併症です。糖尿病が原因で人工透析を行うことになったり、視覚障害があらわれるといったことを聞いたことがあると思います。
　平成14年度の糖尿病実態調査によると、糖尿病の疑いが強い人は740万人いるといわれています。しかし、糖尿病は初期段階では自覚症状が出ないため、実際に治療を受けている人は約半数ほどともいわれています。糖尿病にはいくつかの種類がありますが、日本の糖尿病の95％以上は、食事や運動などの生活習慣が関係している2型糖尿病タイプです。高血圧や脂質異常症と同様、普段の生活の見直しが必要です。

●糖尿病の種類●

1型糖尿病

膵臓のβ細胞というインスリンをつくる細胞が破壊され、身体のインスリンの量が絶対的に足りなくなって起こる。

2型糖尿病

インスリンの出る量が少なくなって起こるものと、インスリンの働きが悪いため、肝臓や筋肉などの細胞がインスリン作用をあまり感じなくなり、ブドウ糖がうまく取り入れられなくなって起こるものがある。食事や運動などの生活習慣が関係している場合が多い。

遺伝子の異常、他の病気が原因となるもの

遺伝子異常や肝臓、膵臓の病気、感染症、免疫異常などの他の病気が原因となって引き起こされるもの。薬剤が原因の場合も。

妊娠糖尿病

妊娠中に発見された糖尿病。新生児に合併症が出ることもある。

糖尿病を放置しておくと…

糖尿病と診断されても血糖をコントロールしないでいると、糖尿病発症時から10～15年で合併症があらわれます。糖尿病特有の合併症は、手足のしびれや筋肉の萎縮などの糖尿病性神経障害、白内障や失明など網膜内の血管が冒されることによる糖尿病性網膜症、腎臓の働きが悪くなり、人工透析が必要になる糖尿病性腎症があります。

対策

- 肥満を防ぐ
- 食生活を見直す
  （食べ過ぎない、栄養素のバランスをとる）
- 運動量を増やす

1カ月間、すべての食事をファストフードのメニューで摂っていたら、体はどうなるのか？ そんな疑問に自らの身体で実験した異色のドキュメンタリー。体重の増加はもちろん、肝臓など内臓の数値の変化、同じ食事を繰り返すことが精神に与える影響なども知ることができる。

スーパーサイズ・ミー（DVD）
出演・監督／モーガン・スパーロック
販売元／レントラックジャパン

ファストフードの利用のしかた

便利で早くて価格も安い……現代の私たちの食生活では、ファストフードを利用する機会がどんどん増えてきています。

ファストフードで問題になるのは、カロリーの高さや脂肪含有量の多さでしょう。ファストフードは、価格をなるべく抑えてたくさんの量を製造し、素早く提供できるように考え出されたシステムです。安くあげるためには使用する肉や油などの価格をできる限り抑える必要があり、手間をかけないために簡単には傷まないよう相当量の添加物が含まれています。従来は、ファストフードの油にはトランス脂肪酸が多く含まれていましたが、それも安い価格で商品を提供するためでした。もちろんどんなに安い材料でも、安全の基準はパスしていますが、大量生産されているもの（スーパーやコンビニの商品も同様）は、注意が必要です。

一番安全なものは、自分で材料を買って自分で調理した食事です。でもだからといって、何から何まですべてを無農薬のものでそろえ、1日3食手づくりのものを食べることは難しいもの。大切なのは、買ったものは何かしらのリスクが含まれるということをよく知って同じものを食べ続けないようにし、リスクを分散させるようにすることです。

ファストフードのカロリー

ハンバーガー
241kcal

チーズバーガー
296kcal

フライドポテト（Mサイズ）
450kcal

ナゲット
198kcal

フライドチキン
237kcal

※以上は一般的なカロリーを表示していますが、分量や使用する調味料、材料で異なります。M社、K社2011年現在。

清涼飲料水に含まれるエネルギーと砂糖の量の一例

※（ ）内はスティックシュガー小1袋（3g）の本数位に換算した場合

コーラ
350mL 137kcal
37.5g（12.5/本）

缶コーヒー
250mL 115kcal
28.5g（9.5本）

ミルクティー
350mL 105kcal
28.5g（9.5本）

オレンジジュース（果汁100%）
200mL 80kcal
21.0g（7本）

スポーツ飲料
350mL 84kcal
21.0g（7本）

ウーロン茶
350mL 0kcal
0g（0本）

出典：『体脂肪を減らして肥満を解消するらくらくレシピ』法研　2005

低カロリーだと思っていたものが、意外とエネルギー量が多かった……といった勘違いはよくあるもの。
おもなメニューのカロリー目安を知っておきましょう。

表示はメニュー、目安量、エネルギー（kcal）の順

☆肉料理☆

サーロインステーキ	1皿	635
ヒレステーキ	1皿	415
ハンバーグ	1皿	490
おろしハンバーグ	1皿	435
ローストビーフ	1皿	190
牛のたたき	1皿	180
ビーフシチュー	1皿	505
タンシチュー	1皿	390
すき焼き	1皿	680
ビーフストロガノフ	1皿	565
ハヤシライス	1皿	660
チンジャオロース	1皿	285
スコッチエッグ	1皿	445
しょうが焼き	1皿	295
回鍋肉	1皿	395
豚の角煮	1皿	475
酢豚	1皿	490
豚しゃぶしゃぶ	1皿	440
肉じゃが	1皿	325
シュウマイ	3個	230
春巻き	2本	405
ぎょうざ	5個	355
ショーロンポー	3個	375
レバニラ炒め	1皿	155
チキンとキノコのホイル焼き	1皿	255
棒々鶏	1皿	260
鶏照焼き	1皿	260
とんかつ（ロース）	1皿	515
とんかつ（ヒレ）	1皿	370
ビーフカツ	1皿	525
めんちかつ	1皿	460
チキンカツ	1皿	495
鶏の唐揚げ	1皿	455

フライドチキン	1本	180
焼鳥（正肉・たれ）	1本	70
焼鳥（正肉・塩）	1本	60
焼鳥（砂肝・塩）	1本	40
焼鳥（手羽・塩）	1本	85
焼鳥（つくね・たれ）	1本	110
焼鳥（レバー・たれ）	1本	65
焼肉（カルビ）	1皿(100g)	520
焼肉（ロース）	1皿(100g)	385
焼肉（レバー）	1皿(100g)	200
焼肉（ハラミ）	1皿(100g)	370
焼肉（タン塩）	1皿(100g)	280
ユッケ	1皿	275
カルビクッパ	1人分	250
クッパ	1人前	250
肉野菜炒め	1皿	400
串カツ	1本	165
クリームシチュー	1皿	515
ロールキャベツ	1皿	300

☆魚料理☆

鯵の干物	1枚	84
鮭のムニエル	1皿	250
鮭の塩焼き	1皿	135
さんまの塩焼き	1皿	330
サバの味噌煮	1皿	190
サバの塩焼き	1皿	145
かつおのたたき	1皿	110
かれいの煮付け	1皿	150
銀鱈の粕漬け焼き	1切れ	220
金目鯛の煮付け	1皿	200
ブリ大根	1皿	255
ブリの照焼き	1皿	340
ほっけの開き焼き	1皿	150
マグロのやまかけ	1皿	145
エビチリ	1皿	360
アジフライ	1枚	280
いかリングフライ	1個	35
かきフライ	1個	60
エビフライ	1本	70
鮭フライ	1切れ	295
サバの竜田揚げ	小1切れ	100
はんぺんのチーズフライ	1枚	400
揚げ鯖のおろし煮	1皿	270
ブイヤベース	1皿	210
イカの天ぷら	1切れ	110
鯵の天ぷら	1尾	160
エビの天ぷら	1尾	60
刺身（マグロ赤身）	5切れ	75
刺身（中トロ）	4切れ	205
刺身（たい）	5切れ	60
刺身（イカ）	1皿	35
刺身（かつお）	3切れ	70
刺身（しめさば）	4切れ	170

出典：『ハンディカロリーブック』金丸絵里加監修
ハートフィールド・アソシエイツ　2004

メニュー別 カロリー一覧表

☆ご飯類☆

おにぎり(おかか)	1個(110g)	195
おにぎり(昆布)	1個(110g)	195
おにぎり(鮭)	1個(110g)	205
おにぎり(シーチキン)	1個(110g)	215
おにぎり(梅)	1個(110g)	190
おにぎり(明太子)	1個(110g)	200
鮭茶漬け	1人分	270
のり茶漬け	1人分	190
牛丼	1人分	530
親子丼	1人分	670
中華丼	1人分	550
鉄火丼	1人分	530
天津丼	1人分	710
天丼	1人分	800
かつ丼	1人分	1150
うな重	1人分	680
オムライス	1人分	890
チキンピラフ	1人分	520
かにピラフ	1人分	495
えびピラフ	1人分	480
カツカレー	1人分	950
シーフードカレー	1人分	810
チキンカレー	1人分	865
ビーフカレー	1人分	960
野菜カレー	1人分	750
シーフードドリア	1人分	630
ドライカレー	1人分	810
パエリア	1人分	580
ビビンバ	1人分	750
中華ちまき	大1個	360
卵雑炊	1人分	250
五目炊き込みご飯	1膳	260
チャーハン	1人分	615

☆麺類☆

カレーうどん	1人分	500
きつねうどん	1人分	465
サラダうどん	1人分	440
たぬきうどん	1人分	480
天ぷらうどん	1人分	520
ざるそば	1人分	410
天ざるそば	1人分	540
山菜そば	1人分	460
やまかけそば	1人分	500
わかめそば	1人分	475
そうめん	1人分	440
きしめん	1人分	400
ラーメン	1人分	495
みそラーメン	1人分	500
とんこつラーメン	1人分	480
五目ラーメン	1人分	710
タンメン	1人分	570
チャーシュー麺	1人分	450
チャンポン	1人分	660
ミートソースパスタ	1人分	700
きのこパスタ	1人分	540
シーフードパスタ	1人分	560
カルボナーラ	1人分	830
ナポリタン	1人分	630
ボンゴレビアンコ	1人分	530
たらこパスタ	1人分	540
マカロニグラタン	1人分	520
ラザニア	1人分	875
焼きそば	1人分	485
あんかけ焼きそば	1人分	600
冷やし中華	1人分	500
焼きうどん	1人分	480
焼きビーフン	1人分	500

☆お弁当☆

のり弁当	1個	775
しゃけ弁当	1個	860
焼き肉弁当	1個	815
幕の内弁当	1個	950
からあげ弁当	1個	945

☆パン(惣菜パン含む)☆

あんパン	1個	280
カレーパン	1個	300
クリームパン	1個	270
メロンパン	1個	400
ジャムパン	1個	220
デニッシュ	1個	250
ミックスピザ(小)	1枚	330
アップルパイ(ホット)	1個	250
ピザトースト	1枚	310
ホットドッグ	1個	385
フレンチトースト	1皿	380
ドーナツ	1個	190
カツサンド	1人分	660
ツナサンド	1人分	470
ハムサンド	1人分	330
ミックスサンド	1人分	450

第九章

ダイエットフィットネスのトピックス

ここからは、基礎知識を学んだ学生が質問してきたこと、授業では紹介したけれどまだ日本ではオーソライズされていない健康法、最近注目されている用語について解説します。

呼吸法

呼吸によって心身の機能を向上させることを目指す訓練方法です。方法はいろいろありますが、私は、上海体育学院出身の劉 立凡（リュウ・リーファン）先生から教わりました。その方法は、足を肩幅くらいに開いて、やや膝を曲げて立ち、ゆっくり息を吸いながら両肘を曲げずに手を前にもち上げ（手のひらは下向き）、ゆっくりと息を吐きながら両手を下げるというものです。意識としては、手のひらの下にある空気をもち上げるようにして手を上げ、下げるときは手のひらの下にある空気を押し下げるようにします。手の動作を伴うことで、呼吸を意識して行うことができ、訓練することで心身のコントロールを可能にします。アガリ症防止も期待できます。

放松功《ほうしょうこう》

日常生活のなかで緊張した心身をゆるめる中国の気功の1つ。松という語の中国語の読みである「ソーン」を、念じたり声に出して放つことから「放松功《ほうしょうこう》」とよばれます。運動後のクーリングダウンや、就寝前に行うと効果的です。座るか仰向けで横になって目を閉じ、自然呼吸を行って身体の各部位を意識しながら「ソーン」と心のなかで念じます。ゆっくり息を吐きながら身体をゆるめて力を抜きます。劉先生の方法では、部位を①頭から顔、②首、③肩から腕、指先、④胸・背中・お腹・腰、⑤お尻から膝、つま先まで、と部位別に意識して行い、最後に、⑥頭頂からつま先までを「ソーン」と声を出してゆるめていきます。その後もゆったりと呼吸します。

八段錦《はちだんきん》

中国数千年の歴史で受け継がれてきた健康法のなかでも、もっとも完成度が高く、すぐれた気功であり、そのルーツは太極拳よりも古いといわれます。さまざまな流派がありますが、劉先生の方法は、図の古八段錦に近いものです。8つの独立した動きで構成されているため、分けて練習することができ、覚えやすいと思います。年齢、性別、体力、場所などを問わず、いつでも・だれでも・どこでもできます。それぞれの動きは、自身の内部に対するマッサージ効果があり、内臓などの機能強化に役立つとされています。

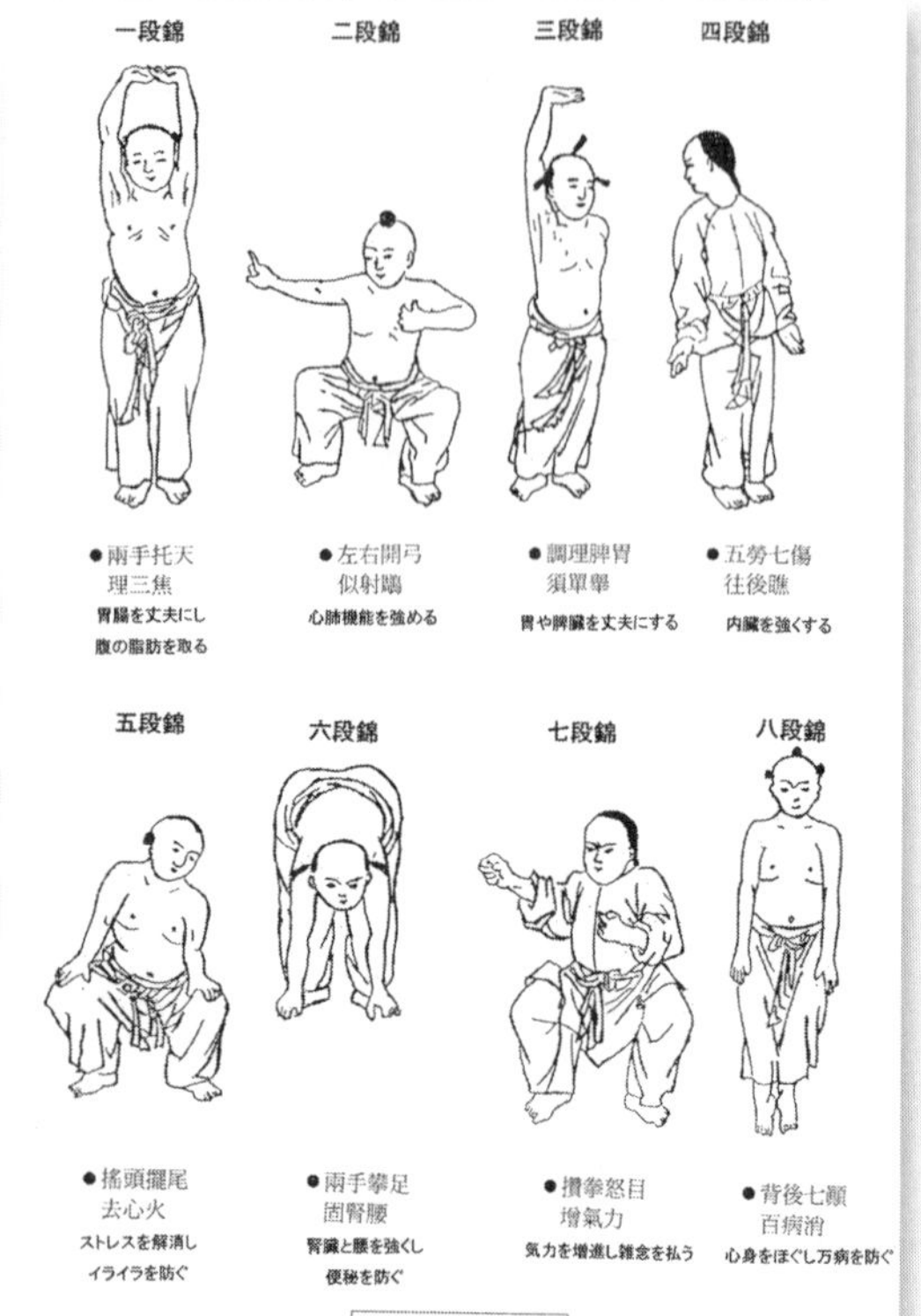

古八段錦圖

出典：李 鴻文編著『北京氣功研究會 八段錦』林鬱文化事業有限公司 1995

カロリーゼロと低カロリーの表示とは

この表示は、平成14年8月2日に成立した健康増進法の第31条により規定されています。カロリーに関しては、表の熱量をご覧ください。「含まない」旨の表示は（第1欄）、食品100gあたり5kcal未満、飲料の場合も100mL当たり5kcal未満です。ノンカロリーとカロリーゼロはこれにあたります。ゼロといっても本当のゼロではない場合もあるということです。「低い」旨の表示（第2欄）は、食品100g当たり40kcal以下、飲料の場合は100mL当たり20kcal以下です。低カロリーとカロリーオフがこれに当たります。

例えば、あるスポーツドリンクは、100mL当たり19kcalですので、パッケージにカロリーオフと表記しています。ただし、500mLのペットボトル入りを飲みきれば、95Kcalの熱量があるので、多くはありませんがカロリーがあるといえるでしょう。

●栄養成分表（健康増進法第31条）●

適切な摂取ができる旨の表示について遵守すべき基準値一覧

栄養成分	（第1欄） 含まない旨の表示は次の基準値に満たないこと 食品100g当たり （ ）内は、一般に飲用に供する液状の食品100mL当たりの場合	（第2欄） 低い旨の表示は次の基準値以下であること 食品100g当たり （ ）内は、一般に飲用に供する液状の食品100mL当たりの場合
熱量	5kcal（5kcal）	40kcal（20kcal）
脂質	0.5g（0.5g）	3g（1.5g）
飽和脂肪酸	0.1g（0.1g）	1.5g（0.75g） かつ飽和脂肪酸由来エネルギーが全エネルギーの10%
※コレステロール	5mg（5mg） かつ飽和脂肪酸の含有量* 1.5g（0.75g） かつ飽和脂肪酸のエネルギー量が10%* 「*」は、1食分の量を15g以下と表示するものであって当該食品中の脂質の量のうち飽和脂肪酸の含有割合が15%以下で構成されているものを除く	20mg（10mg） かつ飽和脂肪酸の含有量* 1.5g（0.75g） かつ飽和脂肪酸のエネルギー量が10%* 「*」は、1食分の量を15g以下と表示するものであって当該食品中の脂質の量のうち飽和脂肪酸の含有割合が15%以下で構成されているものを除く
糖質	0.5g（0.5g）	5g（2.5g）
ナトリウム	5mg（5mg）	120mg（120mg）

注）ドレッシングタイプ調味料（いわゆるノンオイルドレッシング）について、脂肪を含まない表示については「0.5g」を、当分の間「3g」とする。
本表は栄養表示基準大及び第5を整理したものである。

野菜ジュースは野菜と同じ？

野菜をすりつぶしてつくったジュースは、野菜不足を感じている人に人気があります。もともとはトマトジュースをベースとし、ほかの野菜汁を混ぜ合わせたトマトミックスジュースが主流でしたが、最近は野菜と果汁を混ぜたものが増え、味も改善されました。注意すべきは、野菜1日分と表記したもの。各社から販売されていますが、これは1日分の野菜が入っているという意味ではなく、1日分の野菜を使ったという意味です。日本人が1日に必要な野菜の量は350gですが、もし1日分の野菜が入っているなら、200mLパックでは容量が足りません。実は、野菜をすりつぶすとドロドロのパルプ質（食物繊維）が多いドリンクになります。飲んでも食感が悪く、容器からの出も悪いのです。そこで、飲料メーカーは、ろ過をして食物繊維の約90%を取り除いてしまいます。さらに、加熱殺菌して商品化します。このろ過の過程で、私たちが野菜に求める繊維のほとんどが除かれるだけでなく、カルシウムも取り除かれてしまいます。また、加熱殺菌によってビタミンなども分解してしまうため、もともとの野菜に比べて食物繊維が約10%、カルシウムとビタミンはほとんどなく、入っているのはカリウムとリコピンなど、ということになります。野菜ジュースを過度に評価しないようにしましょう。もちろん野菜不足の人は飲まないよりは飲んだほうが良いと思います。なお、果汁を混ぜて美味しくしたものは、さらに繊維が少なくなっていることもあります。野菜ジュースは賢く飲みたいものです。

睡眠

睡眠の目的は、心身の休息と起きている間に使った脳機能の再生に深くかかわっているとされます。そして、夜中の熟睡している間に、脳下垂体前葉から成長ホルモンが分泌され、日中の疲れをとり、翌日も元気に暮らせるよう、身体の細胞の再生を促します。「寝る子は育つ」といいますが、子どもの成長に限らず、ケガや貧血からの回復、筋トレ期・試合後などの身体にとって睡眠は非常に重要です。必要な睡眠量には個人差がありますが、7~8時間の場合が、もっとも病気にかかりにくく、学生の場合は学力が高いことがわかっています。一方、睡眠不足はうつ病を悪化させる原因になったり、眠らせないと動物は死んでしまうという実験結果も報告されています。質の良い睡眠をとるためには、寝る3時間くらい前に食事を終わらせ、神経が興奮するようなテレビ視聴やゲーム、カフェインの多い飲み物、熱い風呂などは避けることなどが挙げられます。リラックスできる寝具、寝間着を選び、心が安らぐ音楽をかけ、ぬるめのお風呂に入り、夢中にならない程度の読書がおすすめです。リラックスできる呼吸法などを行うのも良いでしょう。

活動量計

活動量計は、歩いたり運動したりするときだけでなく、家事や仕事などのあらゆる生活活動を計測し、消費カロリー量を算出してくれる医療用器具です。歩数計、いわゆる万歩計の進化したものともいえます。一般には、体格、性別、年齢をインプットすると、その人の安静時代謝が推定され、さらに歩幅をインプットすると、歩数から歩行距離が計算できますが、最近のものは3軸加速度センサを用い、XYZ軸の3方向の加速度を測

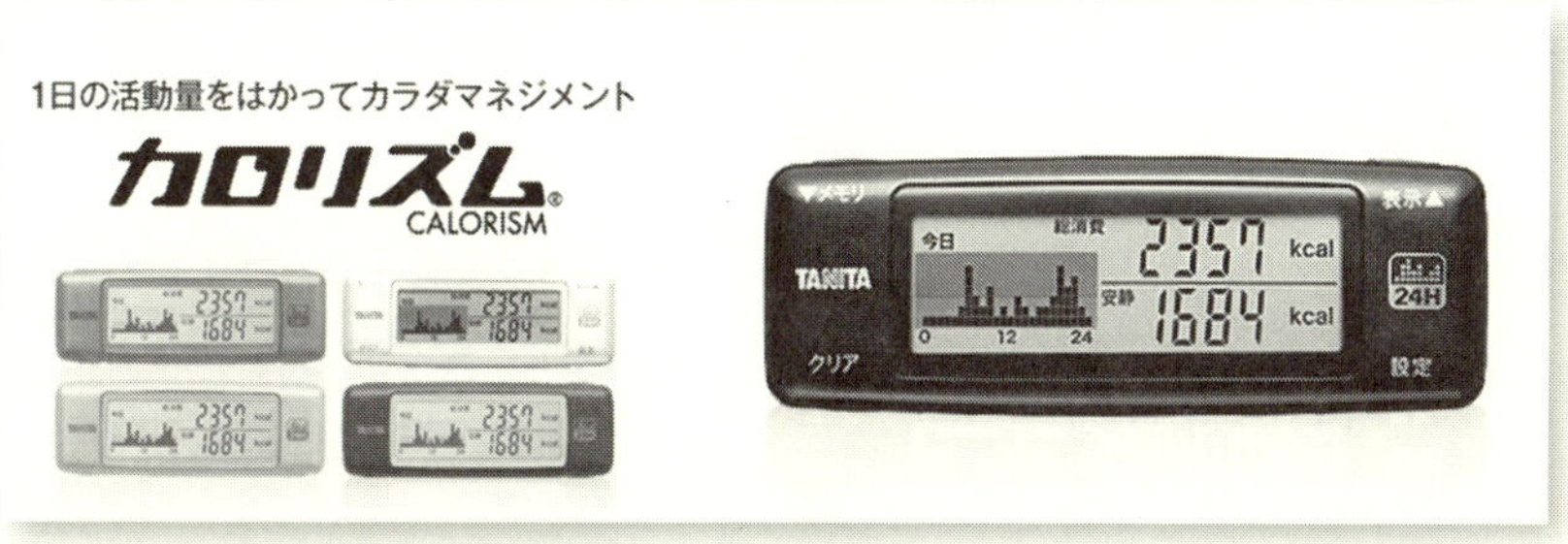

著者が大学の授業で実際に使用している活動量計（株式会社タニタ製）

定でき、より正確に活動量が推定できます。ダイエットのためには、消費エネルギーが摂取エネルギーを上回らなければなりませんが、その消費エネルギーがどのくらいであるかを知るには、活動量計が最適のデバイスとなるでしょう。価格も現在は2000〜3000円とお手頃なので、自分の生活を測るという意味でも身につけてみてください。

私は2010年度に前期（4〜7月）と後期（9〜1月）のダイエットフィットネスの授業で、初めの1週間と最後の1週間に活動量計（写真）を学生に貸し出し、授業を受ける前（授業初期）と授業を受けた後（授業終期）での1週間の活動量の比較を行いました。その結果、約13回の授業を終えた授業終期において、授業初期に比べて有意に日常の活動量が増加したことを確認しました。同時に食事日記もつけてもらい、食事内容のバランスが向上したことも確認しています（ヨーロッパスポーツ科学会議にて発表。2011年・英国リヴァプール）。体脂肪率も有意に低下しましたので、このことからも、本書で解説している内容を実践すると、より健康的にダイエットすることができると言えると考えます。

スポーツ基本法

２０１１年６月に成立した法律です。第２条では、「スポーツに関し、基本理念を定め、並びに国及び地方公共団体の責務並びにスポーツ団体の努力等を明らかにするとともに、スポーツに関する施策の基本となる事項を定めることにより、スポーツに関する施策を総合的かつ計画的に推進し、もって国民の心身の健全な発達、明るく豊かな国民生活の形成、活力ある社会の実現及び国際社会の調和ある発展に寄与することを目的とすることとした」とあり、第２条では、「スポーツを通じて幸福で豊かな生活を営むことが人々の権利であることに鑑み、国民が生涯にわたりあらゆる機会とあらゆる場所において、自主的かつ自律的にその適性及び健康状態に応じて行うことができるようにすることを旨として、推進されなければならないこと等、スポーツに関し、基本理念を定めることとした」とあります。今後、この基本理念を実現するため、関係省庁の再編をし、国民がスポーツを楽しめるような環境整備、ハードとソフトの充実が行われるでしょう。国も、フィットネスの必要性を認め、フィットネスを奨励していくのだと考えておいてください。

ロコモティブシンドローム

日本は世界にさきがけて高齢社会を迎え平均寿命は約80歳になっています。しかし、一方で運動器（筋・骨・関節・靭帯等）の障害も増加しています。このことは多くの人にとって運動器を健康に保ちつつ長く生きることが難しいことをあらわしています。そこで、日本整形外科学会では、運動器の障害による要介護の状態や要介護リスクの高い状態をあらわす新しい言葉として「ロコモティブシンドローム（通称「ロコモ」）（locomotive syndrome）」を提唱し、和文では「運動器症候群」と定義しました。ロコモティブは「運動の」という意味で、蒸気機関車（SL：Steam locomotive）を想像してもらうとわかりやすいと思います。運動器は広く人の健康の根幹であるという考えを背景として、年をとることに否定的なニュアンスをもち込まないことが大事であると考え、この言葉を選んだそうですが、メタボと並んでちょっとかわいいような言葉になっています。ロコモにならないための運動・体操を「ロコトレ」とか「ロコモ体操」といいます。

さいごに

カラダだけでなかった学生達の心の変化

最後にあたり、授業を終えて学生達がどのように変わったのか紹介したいと思います。体重や体脂肪が落ちた例は前のページでも紹介していますので、ここでは意識の変化、心のあり方が受講前と後では随分変わったという声を紹介します。

授業がスタートした当初は、学生達のダイエットフィットネスに関する知識の無さに驚きました。しかし、授業の間に学生達は知識を吸収し、理解を深めてくれたのです。

美しいカラダとは健康で丈夫な身体

私の考えでは「ダイエット＝やせる、体重が減る」というイメージがあり、体重が減らなければ美しい身体になれないと思っていました。しかし、この授業でそのイメージが変わりました。今の私が考えるダイエットは常日頃から健康を考えた生活、食事、運動を心掛けていくことだと思います。

美しい身体とは健康で丈夫な身体であり、それを意識すればやせるということに執着しなくなるのではないでしょうか。

（女性）

無理に生活を変えずに、ほんの少し意識すればいい

授業を終え、ダイエットは私にとって「特別なもの」から「日常生活の一部」にイメージを変えました。

今までダイエットといえば、一定期間食事を制限する、普段やらない運動をするなど、日常生活のサイクルをがらりと変えるものでした。それゆえ続きもしませんでした。

でも、授業を受け、ダイエットは無理に生活を変えず、ほんの少し意識し続けていけばいいのだと実感しました。

（女性）

大切なことは心とバランスをとること

私はダイエット方法が私たちの身体にどう影響するにしても、やせればダイエットは成功なのだと思っていました。

しかし、実際授業を受けてみて、本当のダイエットがどんなものであるかを知りました。

ダイエットで一番欠かせない大切なことは、心とバランスをとることだと思います。がんばろう、我慢しようと思うと、ストレスがたまってしまうことになります。ダイエットは肉体的なことではあるけれど、深く精神的なものともつながっています。

（女性）

ダイエットは女性がするものと思っていた

授業を受けるまではダイエットは基本的に女性がするもので、男性がやるものではないという非常に偏ったイメージをもっていた。しかし、授業を受けていくなかでダイエットとはただ女性が体重を減らすだけというものではなく、トップアスリートのように「ダイエットが必要なさそうな人」も体重を調整したり、体調を維持しながらスポーツを続けるために、ダイエットが

必要であるということがわかってきた。（男性）

家族で詳しいつもりでいたけれど……

この授業で自分がいかに間違っていたかを思い知らされました。健康については、家族揃って詳しいつもりでいましたが、ダイエットに関しては無知な部分が多かったです。ダイエットで一番怖いのは「リバウンド」であることを、理論的に理解できたことが大きな収穫です。（女性）

人生を楽しく過ごすためのダイエット

食べたいものを食べずに我慢し続けるダイエットが、本当に身体によいのかということを、授業を終えた今、疑問に感じる。

私は自分が現在置かれている状況を考え、自分の人生を楽しく過ごすためのダイエットを自分自身で考えることができるようになりたいと思う。（男性）

心まで余裕ができて豊かになった

僕がしていたバイトはとてもしんどく、それ以上に不健康だった。夜の10時から朝の10時まで食事を摂る時間もなく、その間に体内に入れるものといえばタバコの煙と清涼飲料水だけというひどい状態だった。

その生活のせいで僕は確かにやせた。しかし、身体はぼろぼろで精神的にもかなりまいっていた。ダイエットをしていたわけではないが、無理のあるダイエットと似たものがあったと思う。

さすがにこれはまずいと思ってこのバイトを辞め、違うバイトを始めた。ちょうどこのとき、先生の授業を受け、食事というものに対する意識が急に高まった。

最近は1日3食をしっかりバランスよく摂り、今まで敬遠しがちだった乳製品や野菜をしっかり摂るようになった。運動することもなるべく心掛けるようになった。これらは昔では考えられないことである。すると体重も体脂肪も少し減り、健康になった気がして力がみなぎってきたのだ。そして、なぜか心まで余裕ができて豊かになったような気がした。

こうした経緯を経て、僕は正しいダイエットとは、心を豊かにしたままできるダイエットであると思うようになった。正直、自分でも驚いている。

（男性）

正しいダイエット法でやせたい

今、テレビや雑誌などで大きく取り上げられている「ダイエット」。その多くは「苦労せずにやせた！ 短期間でやせた！」などの謳い文句によって商品の売り上げをあげているようにみえる。これらのダイエット商品がどれだけ効果的で、多くの人がそれでダイエットに成功していたとしても、私は今回学んだ「正しいダイエット法」で健康的にやせていきたいと考えた。（女性）

サプリメントは慎重に選びたい

私は高いお金を出してたった1カ月分のサプリを買うのがいやなので、自分の努力でやせたいのですが、なかなか毎日続かないし、せめて夏だけでもサプリに頼ってみようかなと思っています。でも、「アメリカで大流行！ これを食べるだけでやせる」とか高くて嘘くさいサプリは、慎重になって使用するかどうか考えるべきだと思います。（女性）

心も身体も健康だからこそ成功するダイエット

以前、私は自分が「過食症」ではないか……と思うくらい食べまくっていました。

しかし、この授業を受講していくなかで「どんな食事を摂るべきか」「どんな運動をするとよいか」などを知り、私のなかの意識が少しずつ変わり始めました。

とくに大きかったと思うのは食事日記の存在です。ウソを書きたくなかったので、過食してしまった日も正直に書きました。私の場合は、毎週提出することにしたので「ちゃんとした食生活を送ろう!」と心掛けるようになったのです。

また、3食きちんと食べて運動も行うことで体重を落とそうと決心しました。初めのうちは買ってきたものをそのまま食べていましたが、自分で料理して食べるようになりました。自分でつくる行為は身体だけでなく、心も健康にしてくれると実感しました。

「正しいダイエット」とは、「心も身体も健康」でいてこそ、初めて達成されるものではないでしょうか。私はこの授業を通じてそのことを学ばせていただいたと思います。

(女性)

見た目だけのためにダイエットはするものじゃない

正しいダイエットのための運動は、単にカロリー消費を考えるのではなく、また無理してやるものでもなく、楽しみや喜びを感じられる方が良いと思います。ストレッチは気持ち良く、バランスボールもすごく使えることが授業でわかり、無理やガマンが嫌いな私にも、続けられると感じました。人のフォルムだけに価値があると考え、視覚的なものを優先する風潮があることは否めないですが、それに染まらない人になれたらいいなと、先生の授業を受けていて思いました。

（女性）

フィットネスとは「整える」こと

私にとってフィットネスとは「整える」ことです。例えば、1日に15分間のウォーキングを取り入れるとします。すると、まず運動面から身体を整えられ、次に運動するための時間をつくることで1日のスケジュールが整います。これを繰り返すことで、日々を整えることにつながります。単に運動して身体のコンディションを整えることだけをフィットネスとするのではなく、日常における不文律を整えることがフィットネスではないか、と私は考えています。

（女性）

あとがき

私は20年以上にわたって、スポーツ選手の栄養指導を行ってきました。しかし、私自身は小児ぜんそくを患っていたこともあり、子どものときは運動ができませんでした。その一方で食べることは大好きでした。5歳のとき父の仕事の関係で米国・ボストンに渡り、ホットドッグにハンバーガー、ピザ、コークが大好物となり、帰国した小学1年生のときは体重44kgの肥満児となっていました。体重が増えたことでさらに運動嫌いになり、6年生のときには68kgまで体重が増えました。

中学校で青春モノのテレビドラマに影響を受け、剣道部に入部したから良かったものの、あのまま運動もせずに食べ続けていたら、現在のように大学で体育の授業を行うことはなかったかもしれません。しかし、そうした子どものころの経験があるので、運動嫌いの学生の気持ちもわかるし、ファストフード好きの若者の気持ちも理解できます。

私が大学で担当している授業の1つは、その名もズバリ「ダイエットフィットネス」といい、この本をテキストとして使用しています。授業内容をつくりあげていくなかで、沼澤秀雄先生をはじめとする立教大学のスポーツウエルネス学科の先生方に大変お世話になりました。公衆栄養については城西国際大学の酒井健介先生、フィットネスに関しては明治大学の水村信二先生、そして八段錦や気功については劉 立凡先生にご指導を賜りました。深く感謝申し上げます。また、授業を履修し、「熱い」レポートを書いてくれた学生諸君にも心から感謝しています。そして、本書の刊行を実現してくださった福村出版株式会社の宮下基幸氏に、この場をかりて御礼申し上げます。

最後に、スポーツ栄養学をともに構築してきた株式会社明治の元同僚と、いつも私の健康を気遣い、美味しくヘルシーな料理をつくってくれる妻の薫、私の考える食育を実践してくれている娘の奈央に本書を捧げます。

2012年3月
杉浦克己

杉浦克己（すぎうら・かつみ）

1957年 東京都生まれ。静岡大学理学部生物学科を卒業し、同大学院（生物学）修士課程を修了して、明治製菓株式会社に就職。36歳で東京大学大学院（身体運動科学）博士課程に入学し、スポーツ栄養学の研究で博士号（学術）取得。2002日韓ワールドカップではサッカー日本代表の栄養アドバイザーを務めた。50歳で企業生活にピリオドを打ち、立教大学教授となる。日本オリンピック委員会（JOC）、日本陸上競技連盟、日本アイスホッケー連盟の科学委員としても活動。共著書として『選手を食事で強くする本』（中経の文庫、2007）」等がある。

●参考文献●（著者は五十音順）

石井直方、谷本道哉『スロトレ』高橋書店 2005年
漆原光徳『体脂肪を燃やす大学ダイエット講義』二見書房 1999年
大野 誠『自宅入院ダイエット』集英社新書 2005年
大野 誠、金子ひろみ『体脂肪を減らして肥満を解消するらくらくレシピ』法研 2005年
小沢治夫、西端 泉『最新フィットネス基礎理論』（社）日本フィットネス協会 2004年
厚生労働省『日本人の食事摂取基準［2010年版］』
厚生労働省ホームページ http://www.mhlw.go.jp/topics/bukyoku/kenkou/seikatu/Index.html
小林寛道『ランニングパフォーマンスを高めるスポーツ動作の創造』杏林書院 2001年
榊原英資『食がわかれば世界経済がわかる』文藝春秋 2006年
日本肥満学会編『肥満・肥満症の指導マニュアル』医歯薬出版 2001年
ハートフィールド・アソシエイツ編『ハンディ・カロリーブック』（監修／金丸絵里加）2004年
村上 明、森光康次郎『食と健康ー情報のウラを読む』丸善 2002年
モーガン・スパーロック『DVD版スーパーサイズ・ミー』レントラック・ジャパン 2005年

スポーツ選手もココから学ぶ　ダイエットフィットネスの基礎知識

2012年 3 月 30 日　初版第1刷発行

著　者　　杉 浦 克 己
発行者　　石 井 昭 男
発行所　　福村出版株式会社
〒113-0034
東京都文京区湯島2-14-11
TEL 03-5812-9702
FAX 03-5812-9705
http://www.fukumura.co.jp
印　刷　　株式会社文化カラー印刷
製　本　　協栄製本株式会社

ISBN978-4-571-50008-4 C0075 Printed in Japan
落丁・乱丁本はお取り替えいたします。
◎定価はカバーに表示してあります。